La hostIA que viene

La hostIA que viene

Cómo impactará en tu vida y cómo sacarle partido

Jon Hernández

Planeta

Título original: *La hostIA que viene*

Av. Diagonal, 662-664, 08034 Barcelona (España)
www.editorialplaneta.es
www.planetadelibros.com

Diseño de interior: J. Mauricio Restrepo
Ilustraciones de interior: © J. Mauricio Restrepo

Primera edición: mayo de 2026
Depósito legal: B. 25.243-2026
ISBN: 978-84-08-32061-6
Composición: David Pablo
Printed in Spain - Impreso en España

PEFC Certificado
Este libro procede de bosques gestionados de forma sostenible
PEFC
PEFC/14-38-00305
www.pefc.es

El mayor problema actual con la IA es que no somos conscientes de la magnitud de la hostia que se viene...

Índice

Capítulo 1

O PARAMOS ESTO O MORIMOS TODOS

Cometemos dos errores cuando pensamos en inteligencia artificial:

El primero es que solemos pensar en ella como algo que está a punto de venir. Pero no. *Spoiler*: la IA ya ha llegado, ya está aquí, entre nosotros, y ya ha empezado a modificar nuestro presente. Dejarla como tema para más adelante ya no es una opción. Hay que ponerse las pilas ya, o nos va a atropellar.

Según un informe de la consultora McKinsey & Company publicado no hace mucho, si se aplicara tal y como está la IA hoy en día, desarrollando las herramientas e implementaciones necesarias pero sin que avance más, se podría ahorrar el 57% de horas de trabajo en Estados Unidos.[1] Es decir,

1 Lareina Yee *et al.* «Agents, Robots, and Us: Skill Part-

57 % son las horas productivas que la IA podría hacer ya hoy en Estados Unidos.

ahora mismo, aunque la IA tocase techo, tiene potencial más que suficiente para cambiar de forma drástica el mundo en que vivimos.

Pero no ha tocado techo, ni mucho menos. Es justo al revés: sigue mejorando cada día.

Y lo hace cada vez a más velocidad.

Quédate con esto, lo que hace hoy la IA es lo peor que hará nunca. Da para reflexionar.

El segundo error es minusvalorarla. La gran

nerships in the Age of AI», McKinsey Global Institute, 25 de noviembre de 2025. <https://www.mckinsey.com/mgi/our-research/agents-robots-and-us-skill-partnerships-in-the-age-of-ai>.

mayoría de la gente no es consciente de la magnitud de la hostia que se nos viene encima. Y mi predicción es que va a ser de proporciones bíblicas. Superior, incluso, a la Revolución Agrícola, a la Revolución Industrial o a la Revolución de Internet.

Esta última revolución, la digital (internet entre otras cosas), nos ha acostumbrado a vivir en un mundo de novedades tecnológicas rápidas y constantes. Un mundo en el que la aparición de la IA puede pasar por un cambio más. Y ahí está el error, precisamente la IA no es un cambio más, no es solo una nueva tecnología o herramienta que se añade a las que van surgiendo y que altera cómo trabajamos: es algo que va mucho más allá. Algo que va a transformar de forma drástica nuestra sociedad. Algo que no es que solo vaya a reescribir las reglas del juego, sino que a partir de ahora vamos a jugar a un juego totalmente distinto.

La IA va a redefinir lo que supone ser un humano.

Descubrí la inteligencia artificial a principios de 2023, cuando cayó en mis manos un artículo de la revista *Time*. Siempre me he interesado por los temas tecnológicos, y me esfuerzo por mantenerme al día. Por aquel entonces ya tenía claros conceptos como la *big data* o la nube, pero esto de la IA generativa era otra cosa. Era algo radicalmente diferente.

Hasta ese momento, lo que sabía de inteligencia artificial era lo que había visto en las películas, como casi todo el mundo: HAL 9000 de *2001: una odisea del espacio* (1968), Jarvis de *Iron Man* (2008) y cosas así.

El artículo lo firmaba Eliezer Yudkowsky, un investigador de IA de Estados Unidos, y llevaba por título «Pausar el desarrollo de la IA no es suficiente. Necesitamos apagarla por completo».[2] Desde luego, un titular muy alarmista. El contenido no rebajaba el tono, contenía frases del estilo de: «Si alguien construye una inteligencia

2 Eliezer Yudkowsky. «Pausing AI Developments Isn't Enough. We Need to Shut it All Down», *Time*, 29 de marzo de 2023. <https://time.com/6266923/ai-eliezer-yudkowsky-open-letter-not-enough/>.

artificial potente, moriremos todos los humanos y también el resto de la vida biológica sobre la faz de la tierra».

Mi primera reacción fue de escepticismo. Otra ración de *fake news*, pensé. Una más. Tomé el artículo como algo escrito por otro zumbado, otro más, uno nivel terraplanista. Me pareció increíble que una revista tan seria como *Time* publicase aquello. No le di mayor importancia..., pero el artículo había conseguido picar mi curiosidad. ¿Cómo podía existir algo remotamente parecido a lo que este tipo estaba describiendo, tan peligroso, y que yo no supiese nada de ello?

Cuando me intereso por algo, lo reconozco, soy incapaz de dejarlo. Como Alicia cuando vio al conejo blanco pasar corriendo por su lado, me puse a indagar. Me sumergí en el estudio sobre la inteligencia artificial de una forma casi obsesiva. U obsesiva a secas, si preferís decirlo así. El caso es que pasé una semana entera sin hacer otra cosa que leer artículos, escuchar pódcast y ver vídeos de YouTube. Leí y escuché a expertos en la materia, como Geoffrey Hinton, Yoshua Bengio, Ilya Sutskever, Yann LeCun, Max Tegmark, Sam Altman, Elon Musk y muchos otros; tras incontables horas de investigación, llegué a una conclusión muy clara:

La IA va a cambiar el mundo, y lo va a hacer muy rápido.

Esta tecnología supone que las máquinas puedan hacer cosas que hasta ahora solo podíamos hacer los humanos, competir con nosotros en nuestro mayor valor, la inteligencia.

Mi primera reacción fue de miedo, de ansiedad. ¡¿Cómo podía existir una tecnología así sin yo saberlo?! ¡¿Cómo podía el mundo seguir girando, cómo podía la sociedad seguir funcionando como si nada, cuando en su interior se estaba produciendo un cambio histórico de tal magnitud?!

Pero, sobre todo, lo que me preguntaba era: ¿cómo nos va a afectar todo esto a mis seres queridos y a mí, y cómo puedo adaptarme para evitar los problemas que esto va a traer? Porque los iba a traer, me parecía evidente.

Decidí hablarlo con Lena, mi mujer. La senté frente al sofá de casa.

—Cariño, tenemos que hablar —le dije.

Ella se sentó. Me miró con una cara rara, y su sensación aumentó a medida que le iba explicando mis descubrimientos.

—¿Recuerdas cómo nos fue cuando el confinamiento por la pandemia? —le pregunté.

—Claro que me acuerdo.

—Pues esto va a ser peor, mucho peor. Como mil veces peor. Se nos viene una gran revolución encima. Lo único que no sé es cuándo, pero va a suceder.

Lena me miró como si me hubiera vuelto loco. Ella es alemana y tiene una mentalidad muy práctica, muy de tocar con los pies en tierra.

La pandemia nos había ido mal, como a tanta gente. Tuvimos que cerrar uno de nuestros negocios, que hasta entonces había ido muy bien. Y no solo nos había ido mal en el plano profesional: durante el primer fin de semana de confinamiento murió mi padre, de COVID, en la residencia en la que estaba ingresado. Nosotros nos quedamos encerrados en nuestra casa de Barcelona con nuestros dos hijos pequeños.

Pero lo que más me marcó de aquellos días, el recuerdo que se me quedó grabado, fue una noticia que vi en televisión: en Italia había gente que estaba asaltando supermercados. Las restricciones les habían dejado sin trabajo, y la falta de empleo sin ingresos, así que no podían comprar comida. En nuestra sociedad, vivimos muy al día. Y, si en tan solo unas semanas empezaron los asaltos a los supermercados, ¿qué no pasaría si nos encontráramos de pronto ante un desempleo masivo porque la IA puede hacer nuestro trabajo? Le expliqué todo esto a Lena, que seguía mirándome con extrañeza.

—¿Y qué propones que hagamos? —dijo, por fin.

—Vender la casa, la empresa y mudarnos al campo. Montar allí una hípica, o algo similar, y vivir alejados de las grandes ciudades, que es donde esta crisis estallará primero.

—Pero ¿tú eres imbécil? —me espetó mi mujer—. ¿Quieres que vendamos lo que tenemos, que nos desprendamos de un negocio que va muy bien, nos alejemos de nuestros amigos y familiares y saquemos a los niños de su círculo? ¿Y todo porque crees que algo que acabas de descubrir quizá podría llegar a crear una situación complicada?

Visto así, no le faltaba razón. A lo mejor mi reacción resultaba algo prematura. Pero yo lo veía todo muy claro, clarísimo: la IA iba a cambiar la sociedad de arriba abajo. Lo único que no sabía bien era cuándo.

No podía refutar los argumentos de mi mujer, eran demasiado sólidos. Entonces le dije que la única alternativa era meterme de lleno en la investigación sobre la IA, para poder entenderla mejor. Y, sobre todo, para estar informado y así, cuando se viniera ese cambio que yo sabía que se iba a producir, poder reaccionar a tiempo.

Aquella noche decidí hacer un *all-in* en inteligencia artificial: esa iba a ser mi prioridad desde entonces en adelante. Mi propósito era que, si no me podía apartar de la trayectoria de este tren, me subiría a él.

Tras unos meses aprendiendo a usar la IA, viendo lo increíble que era para hacer mi día a día más fácil, viendo cómo iba a afectar a mi trabajo y al de los demás, y al haberme quedado sin amigos y familiares a los que avisar de lo que se venía encima (cansados de escucharme o tomándome por un tremendista), decidí crear mi canal de YouTube. Decidí que este sería mi granito de arena, hacer algo que me permitiera sentirme bien conmigo mismo y ayudar de alguna manera a la gente a enfrentarse a la hostIA que venía.

Esa era, y sigue siendo, mi motivación.

Empezamos subiendo un vídeo a la semana. Este canal se puso en funcionamiento el 1 de junio de 2023, y fue un éxito inmediato: se disparó, ganó muchísima audiencia en muy poco tiempo.

Desde entonces estoy constantemente aprendiendo, investigando e informándome sobre la IA. Yo no soy científico, ni informático, ni tengo un máster en el Instituto de Tecnología de Massachusetts (MIT), ni vengo de la ciencia de datos. De hecho, no tengo ni la menor idea de programar. Soy un tipo normal y corriente que dejó la escuela a los dieciséis años para ponerse a trabajar (y no me ha ido mal). Pero con cada charla, cada ponencia, cada evento, cada pódcast que he hecho, he tenido la oportunidad de conocer a algunas de las personas que más saben de este tema en el mundo, y la he aprovechado. He tenido la suerte de hablar con científicos, ingenieros y directivos de las mayores empresas del sector. También he hablado mucho con la gente de a pie, gente normal y corriente, como yo mismo. Preocupados por lo que se avecina, como yo.

Todo esto me permite tener una opinión educada e informada de todo lo que pasa en el mundo de la IA. Y sí, hay razones para estar preocupados por la hostia que se nos viene encima.

Pero ¿por qué?

¿Por qué digo que la IA es una revolución superior a la agrícola, a la industrial y a la de internet? Porque no es solo una revolución tecnológica, como las anteriores, sino todo un cambio cultural. Porque la IA se está quedando con el que, hasta ahora, ha sido el mayor valor competitivo de las personas: la inteligencia. Por eso uno de los mayores expertos en esta materia, Ilya Sutskever, quiso prevenir a todos en sus redes sociales con un mensaje que vaticinaba la llegada de tiempos difíciles para aquellos que se aferrasen a esta cualidad como un valor intrínseco y diferencial del ser humano.[3] Lo que nos definía como especie dominante deja de ser nuestro patrimonio. Estamos asistiendo al nacimiento de otra inteligencia con capacidad para, quizá, superar a la nuestra.

Va a resultar que lo que evoluciona no es la humanidad, sino la inteligencia.

3 Ilya Sutskever (@ilyasut). X (antes Twitter), 6 de octubre de 2023. <https://x.com/ilyasut/status/1710462485411561808>.

Seguro que has oído alguna vez aquello de «el cáncer no lo curará un médico, sino un ordenador». Esta frase circula desde hace un par de décadas, y cuánta razón tenían, aunque quizá nadie pensaba que fuera a pasar tan pronto.

La aplicación de la IA está permitiendo avances en ciencias, y en especial en la medicina, que hasta hace poco parecían impensables. Y seguirán apareciendo más. Según Dario Amodei, CEO de Anthropic, en los próximos diez años vamos a ver más cambios en ciencia que en los últimos cien.[1] Hace cien años lobotomizábamos a la gente y nos parecía normal. Hoy nos parece una barbaridad,

---

1 Dario Amodei. «Machines of Loving Grace: How AI Could Transform the World for the Better», 11 de octubre de 2024. <https://www.darioamodei.com/essay/machines-of-loving-grace>.

Capítulo 2

ESTO NO ES UNA REVOLUCIÓN TECNOLÓGICA, NI UNA HERRAMIENTA

¿Por qué digo que la llegada de la inteligencia artificial no es una revolución tecnológica más? Porque va mucho más allá. La definición de «revolución tecnológica» se le queda corta.

Una revolución tecnológica supone que un conjunto de conocimientos, técnicas y herramientas pueden ser aplicados para resolver mejor ciertos problemas, hasta el punto de que llegan a transformar su entorno. No es poca cosa.

Quizá la revolución tecnológica más importante que hemos vivido haya sido la Revolución Industrial. A finales del siglo XVIII aparece la máquina de vapor en Reino Unido; con ello, cosas que se hacían a mano pasaron a poder producirse en masa. Esta tecnología empieza a cambiarlo todo: los productos son más baratos y se fabrican más rápido. No fue una simple mejora como cuando, hoy en día, sale un nuevo *gadget*. Cambió el sistema económico, el trabajo, la política, la urbanización, los derechos...

Como digo, no es poca cosa.

La imprenta es otro ejemplo muy claro. La creó Johannes Gutenberg a mediados del siglo xv. Podemos ver como una tecnología cambió la forma de imprimir libros, pero fue más lejos, hizo que el conocimiento se popularizase; dejó de ser un bien escaso atesorado por unos pocos para ser algo reproducible entre las masas. Y con ello vino el impulso de la alfabetización y el compartir resultados científicos, lo que permitió que la ciencia avanzase más rápidamente. Y también trajo la propaganda política y el auge de la difusión de doctrinas religiosas.

Curiosamente, las revoluciones tecnológicas tienen una cosa en común, y es la forma en que suceden. Yo identifico tres fases que parece que se repiten: **adopción**, **transición** y **bonanza**. Creo, y esto puede ser discutible, que todas las revoluciones tecnológicas nos han llevado, a largo plazo, a estar mejor.

Adopción · Transición · Bonanza

La **adopción** es esa fase inicial en que la tecnología que motiva la revolución empieza a enseñar las orejas; o sea, aparece algo que puede ser potencialmente interesante. Empieza siendo algo pequeño, y poco a poco, si de verdad es importante, va ocupando espacio, creándose un lugar. La primera imprenta y la primera máquina de vapor no salieron de la nada. Antes hubo intentos fallidos que no llegaron a cuajar. Pero, por una u otra razón, la tecnología acaba encontrando su camino, como el agua. Piensa en el metaverso: una cosa que vino y se fue, no acabó de cuajar; hay quien dice que ha sido un fracaso. Pero eso no quiere decir que en el futuro no surja otro metaverso más eficaz, y ese sí acabe quedándose.

En esta fase inicial o de adopción, los *early adopters*, aquellos que son los primeros en adquirir la tecnología, consiguen una ventaja competitiva enorme. En el caso de la imprenta, las ciudades que la implementaron crecieron un 60% más rápido que las que no.[1]

Al final, todas las ciudades acabaron por tener su propia imprenta. Una característica muy importante de las revoluciones tecnológicas es que no son opcionales, son un barco que aparece en el horizonte, avanza directo hacia ti: o te subes, o te ahogas. Pero las primeras ciudades que la implantaron tuvieron una enorme ventaja competitiva. Así son estas revoluciones: quien las ve venir, lo tiene claro y se adapta, les saca mucho partido. El que no, acaba teniéndose que adaptar igual, pero deprisa y corriendo para no perder la ola.

La segunda fase, la **transición**, es más complicada. Es ese periodo en el que todo se destruye para dejar espacio a lo nuevo que ha venido a sustituirlo. Además, como se trata de un desarrollo sin plan previsto ni mapas, resulta muy confuso. Algunos no se han dado cuenta aún de que las cosas están cambiando, mientras que otros ya

---

1 Jeremiah E. Dittmar. «Information Technology and Economic Change: The Impact of the Printing Press», *The Quarterly Journal of Economics* 126, n.º 3 (2011): 1133-1172. <https://doi.org/10.1093/qje/qjr035>.

están aprovechando las nuevas oportunidades. Durante la revolución de la imprenta, la transición duró unos cincuenta años. El primer efecto de su adopción fue que los escribas se quedaron sin trabajo. Prácticamente todos ellos dejaron de ser necesarios, por razones obvias.

Durante la Revolución Industrial el proceso no fue muy diferente. El impacto en el sector fue tan bestia que los salarios bajaron de forma drástica, hasta el punto de que tardaron treinta años en volver a los niveles previos a la revolución. Evidentemente, hubo quien supo aprovecharse y crear oportunidades basadas en esta disrupción. Ya lo dice el dicho, «a río revuelto, ganancia de pescadores». Pero, sinceramente, no me habría gustado estar en la piel de un tejedor de 1800 o en la de un escriba del año 1450.

Por último, viene la **bonanza**. Este es el punto en que la disrupción se asienta, y recogemos los frutos de lo que supone la revolución. Hoy día nadie duda de los beneficios que nos trajo la imprenta, aunque en su momento fuese un cambio brutal. Pero, cuando todo se coloca en su sitio, lo que queda es una sociedad más alfabetizada, con mejor acceso al mundo de las ideas, con ciencia en crecimiento acelerado, con una cultura que viaja más rápidamente y con una capacidad nueva: que el conocimiento no se pierda por depender de la memoria de alguien, sino que se copie con facilidad, se distribuya y se acumule generación tras generación.

Con la Revolución Industrial pasó lo mismo. Cuando se estabilizó, el resultado final fue más riqueza, más producción, bienes disponibles para más gente, enormes mejoras en los transportes, en las infraestructuras, en la medicina, en la alimentación..., y apareció una clase media que antes era impensable. Se crearon nuevas profesiones, nuevas industrias, nuevas formas de organización que nos trajeron derechos laborales y el sistema entero aprendió a funcionar con esas nuevas reglas. La vida, en promedio, acabó siendo mejor que antes. No de manera uniforme, no para todos al mismo ritmo, y no sin pagar un precio durante la transición, pero, a largo plazo, resultó un cambio positivo. Al menos, hasta ahora siempre lo ha sido.

Este es el patrón que siguen las revoluciones tecnológicas: primero aparecen, luego rompen cosas y, finalmente, cuando el polvo se asienta, el mundo se reorganiza y recogemos los frutos.

La revolución tecnológica de la IA no creo que vaya a ser muy diferente. Debería seguir esas mismas tres fases. De hecho, estamos en un punto entre la adopción y la transición. Pero en lugar de afectar solo al sector del libro o la producción industrial, afectará a todos los sectores.

En España, alrededor del 68% de los trabajadores usan un ordenador para realizar sus tareas. Es decir, hacen tareas cognitivas, usando su inteligencia. Pero la gran mayoría del 32% restante utiliza en su trabajo algún tipo de maquinaria que está conectada a un ordenador.[2] Por tanto, hoy

2 Instituto Nacional de Estadística (INE). «Uso de las TIC

en día existen muy pocos empleos que no vayan a verse afectados, de una u otra forma, por la revolución de la IA. Incluso oficios como el de fontanero, electricista, jardinero o artesano también van a verse afectados, ya que la robótica avanza a pasos agigantados, de nuevo gracias a la IA.

En definitiva, sea cual sea tu profesión, va a quedar afectada por la inteligencia artificial. Y no será solamente esto lo que cambiará, también la sociedad en la que vives. Como revolución tecnológica, tendrá consecuencias más allá de su propia aplicación: redefinirá el trabajo (de eso hablaremos en otro capítulo), las empresas y hasta los gobiernos.

o—o

Lo que he contado hasta aquí no es lo que me preocupa. Si eso fuese todo, se trataría de una revolución tecnológica más, y yo estaría muy tranquilo. Pero no lo estoy. Porque eso no va a ser todo, ni mucho menos.

---

en las empresas y en los hogares. Primer trimestre de 2024», 2024. <https://www.ine.es/dyngs/Prensa/es/ETICCE20231T2024.htm>.

Voy a poner otro ejemplo: una revolución tecnológica brutal, quizá la que más, fue el descubrimiento del fuego. Es fácil imaginar qué supuso para una sociedad muy primitiva obtener la capacidad de producir energía, calor, luz... Descubrir el fuego, o mejor dicho, las formas de hacer fuego a voluntad, no fue solamente una revolución tecnológica: reordenó la vida humana entera, en todos sus aspectos. Cambió las reglas del juego. Y la IA también lo hará, por una razón muy sencilla: modifica lo que los humanos aportamos a la ecuación. Y, sobre todo: es la primera vez que aparece una tecnología capaz de tomar decisiones *por sí misma*.

Y eso, ¿dónde nos deja a nosotros, los humanos?

Si yo intentara pelearme con un gorila, una bestia de trescientos kilos, no tendría ninguna posibilidad. El gorila es más fuerte que yo, más rápido y más ágil. Podría descuartizarme en menos de un minuto. Aun así, los humanos dominamos el mundo y tenemos a los gorilas encerrados en zoos. Ellos ni siquiera saben lo que es un zoo ni porqué están ahí. Y tampoco se lo plantean.

La diferencia principal entre el gorila y yo, el humano, es que los humanos somos ligeramente más inteligentes. Tampoco mucho. Hay algunos de nosotros que, casi, ni eso. Pero esa ligera diferencia, ese pequeño margen de inteligencia superior, nos ha permitido dominar el mundo. El mundo es nuestro, no de los gorilas.

Esto nos demuestra, claramente, que la inteligencia es el mayor valor competitivo que posee el ser humano. Es lo que aportamos al mundo, tal y como lo hemos construido, la cualidad por la que se nos valora como especie. A ti, en tu trabajo, te promocionan porque haces cosas más inteligentes para mejorar el negocio que tus compañeros. Si la empresa es tuya, tomar decisiones más inteligentes que las de los otros empresarios rivales del sector te da ventaja. Prácticamente todas las recompensas de este mundo que hemos creado van vinculadas a la inteligencia que aportas. Y ahora, de repente, nos encontramos con que abrimos un grifo y sale inteligencia. Que la inteligencia la fabrica una máquina. Que aquello que nos define deja de tener tanto valor.

Este es el tema importante de la IA. Por eso no

es solo una revolución tecnológica. Por eso es un terremoto de magnitud épica que va a hacer temblar los cimientos de aquello que el ser humano aporta a la sociedad: la inteligencia. Hasta ahora, todo lo que nosotros, los humanos, hemos inventado eran cosas que utilizábamos: herramientas. Pero con la IA hemos creado algo que no necesita ser utilizado por nosotros. Algo que *puede inventar*.

Hemos inventado al inventor.

Y aquí nos encontramos con otra cosa que ya explicaré en detalle más adelante: la crisis del propósito. Porque si no hace falta que yo haga lo que hago, a lo que me dedico, lo que es mi propósito en la vida, porque hay una tecnología que lo hace igual o mejor que yo, entonces, ¿qué hago?, ¿para qué sirvo?, ¿para qué estoy aquí?

¿Cuál será mi cometido, mi propósito en la vida?

Capítulo 3

LA DICOTOMÍA: ESTÁ BIEN AMAR Y ODIAR A LA IA (A LA VEZ)

Durante todo el tiempo que ha pasado desde que empecé a investigar este tema, se me ha planteado un enorme dilema: me doy cuenta de que odio la IA tanto como la amo.

¿La odio? Lo diré muy claro: si existiera un botón rojo que estuviera a mi alcance y que, al darle, reventara la inteligencia artificial, incluso gran parte de la tecnología actual, y el mundo volviera a ser como era antes y eso me permitiera vivir una vida tranquila con mi mujer y mis hijos en una granja, en Wisconsin o donde sea, criando vacas y caballos, si ese botón existiera lo apretaría sin pensármelo dos veces.

Me doy cuenta de que hay muchas cosas de la IA que me atraen y que son claramente beneficiosas para el mundo. Por ejemplo, sé que va a traer avances en medicina brutales que van a suponer la diferencia entre la vida y la muerte para muchos, y además a una velocidad que ni soñamos. Avances que permitirían que mi madre viviera mejor su vejez, que mi padre no hubiera muerto de COVID en una residencia durante el confinamiento sufriendo un párkinson que le estaba haciendo sufrir lo indecible. Hablaremos más adelante en profundidad de estos avances. Por el momento, solo quiero apuntar que sí, que los beneficios de la IA, en la ciencia médica y en otras, existen, que ya los está trayendo y van a ser una realidad tangible antes de lo que esperamos.

Aun así, si ese botón existiera y yo solo tuviera dos opciones, darle o no darle, y no hubiera posibilidad de negociar para qué nos podemos quedar con la IA y para qué no, yo pulsaría ese botón. Sin ninguna duda.

Pero hay que ser pragmático, ese botón rojo no existe, ni puede existir, ni nunca lo hará. Así que no importa un carajo lo que yo haría. Desde el pragmatismo, tenemos que aceptar que la IA está aquí, que ha llegado para quedarse, y que tenemos que jugar con estas cartas. En la vida siempre he sido de la opinión de que tiene poco sentido quejarse y patalear por lo que te toca: te toca y punto. ¿Te gusta? Genial. No te gusta..., pues lo siento, pero te jodes, es lo que hay.

Las cartas que te han tocado son las únicas que tendrás, y obviamente eso genera una de las mayores verdades universales: el mundo no es justo.

Con la IA pasa algo parecido. Seguramente no es como querríamos que fuera, seguramente lo podrían haber hecho mejor, seguramente nos podía pillar en un momento más adecuado de la historia, pero es la realidad, lo que tenemos, nos guste o no ya está aquí y tu mejor opción es jugar la partida, porque si no lo haces, ya has perdido.

Yo vivo en una enorme dicotomía con esto de la IA: la odio tanto como la amo.

Es normal y está bien que, a ti, que estás leyendo esto, te pase lo mismo o algo parecido, que la ames y a la vez te dé miedo. Parece que en esto de la inteligencia artificial haya que elegir bando, posicionarse o bien a favor, o bien en contra;

como en un partido de fútbol, no puedes ir con los dos equipos a la vez, no tiene sentido. Si estás a favor, es porque quieres que penetre en todo y cuanto antes, y que el nuevo mundo que va a venir gracias a ella llegue lo antes posible, cueste lo que cueste. Si estás en contra, es porque te da miedo lo que va a pasar cuando arrase con todo y amanezca ese nuevo mundo que va a venir con ella, y, por lo tanto, quieres pararla, o al menos frenarla, quieres evitar el cambio. ¿Cómo era eso que decía mi madre? «Virgencita, virgencita, que me quede como estoy...».

Estos dos bandos están tan definidos que hasta tienen nombre: **doomers** y **aceleracionistas**.

Los **doomers** creen que la IA acabará con la humanidad, extinguirá a nuestra raza. Ahí es nada, y por ello se oponen de forma frontal, de forma radical. Doomer viene de *doomed*, «condenado» en inglés. Es un movimiento que ha nacido y crecido en internet. Se caracterizan por un profundo pesimismo y desilusión ante el futuro. Ven el colapso social y ambiental como inevitable, y ante eso adoptan una actitud entre nihilista y apática. La sensación general que transmiten es que el mundo está perdido. Doomers evidentemente ha habido siempre y no solo con la inteligencia artificial, pero ahora lo sorprendente es que no son unos pocos terraplanistas locos, sino gente de mucho prestigio, científicos y políticos que creen que la IA, por mucho que nos traiga avances increíbles, acabará destruyendo la raza humana, y, por lo tanto, hay que pararla. En este bando podríamos encuadrar, entre muchos otros, a Eliezer Yudkowsky, el autor del artículo que ya mencioné en el primer capítulo.

Los doomers afirman que la implementación de la IA va a llevar al colapso del planeta. Y que hay que pararla o moriremos todos, como dice el mismísimo Yudkowsky.

Su caso es curioso: este investigador lleva décadas estudiando el alineamiento de la IA, es decir, cómo conseguir que si en un futuro una IA tiene objetivos propios estos estén alineados con los de la humanidad. Creo que es la persona que más tiempo lleva trabajando esta idea, y su conclusión es que no se puede, que es imposible, que si inventamos una superinteligencia moriremos todos.

Lo curioso es que cuando yo empecé a interesarme por la IA, Yudkowsky era un paria, alguien a quien nadie hacía caso y tachaban de loco y charlatán. Curiosamente, a medida que la IA ha ido avanzando, Yudkowsky se ha vuelto popular. Cada vez más científicos importantes se sientan con él, comparten argumentos e incluso se apoyan en sus textos. Igual no va tan desencaminado...

En el bando opuesto están los **aceleracionistas**. Quizá sea exagerado llamarlo una ideología, sería más exacto decir que es una corriente, por denominarlo de alguna forma. A este grupo le une una fe ciega en el poder de la innovación tecnológica y el desprecio hacia los doomers. Abogan por un desarrollo tecnológico desregulado. Creen que es necesario permitir que la IA progrese lo más rápido posible, sin obstáculos que frenen la innovación. Consideran un destino inevitable que la IA crezca hasta un punto que se conoce como «la Singularidad», ese momento en que la inteligencia artificial superará ampliamente la inteligencia humana y dejaremos de poder comprenderla.

El aceleracionismo es muy popular en Silicon Valley. Es el punto de vista de figuras prominentes (y polémicas) como Marc Andreessen, cofundador del primer navegador web, Netscape, o Garry Tan, presidente de Y Combinator, la factoría de *startups* de éxito más influyente, entre muchos otros. A principios de diciembre de 2024, un periodista del diario *The New York Times* se infiltró en una fiesta llamada Keep AI Open («Mantengan abierta la IA»), a la que acudieron cientos de jóvenes desarrolladores de San Francisco, en lo que fue una especie de presentación en sociedad del aceleracionismo efectivo. En las paredes colgaban carteles con lemas como «acelerar o morir», y se distribuían folletos promocionales proclamando: «El mensajero de los dioses está a su disposición». Según el artículo que publicó este periódico, muchos de los asistentes ya se conocían de interacciones previas en redes sociales, chats grupales y *raves* organizadas en el área de la Bahía.[1]

Andreessen, que se siente tan identificado con el aceleracionismo que hasta ha incluido «Ee/acc» en su nombre de usuario de X, antes Twitter, publicó en octubre un «manifiesto tecnooptimista». En este documento, que está escrito en un estilo que podríamos llamar *bíblico* porque lo recuerda, desafía las narrativas negativas comúnmente asociadas al auge de la IA y augura un futuro esplendoroso para después de «la Singularidad».[2]

En resumen: el aceleracionismo efectivo postula que, en la era tecnológica, las fuerzas de la innovación tecnológica y el capitalismo (a lo que así, todo junto, llaman el «tecnocapital») deben ser explotadas al máximo para impulsar un cambio social radical, incluso si eso implica trastocar por completo el orden actual.

---

1 Kevin Roose. «This A.I. Subculture's Motto: Go, Go, Go», *The New York Times*, 10 de diciembre de 2023. <https://www.nytimes.com/2023/12/10/technology/ai-acceleration.html>.

2 Marc Andreessen. «The Techno-Optimist Manifesto», Andreessen Horowitz (a16z), 16 de octubre de 2023. <https://a16z.com/the-techno-optimist-manifesto/>.

Según ellos, este tecnocapital está acelerando a una velocidad que no se puede detener. O, mejor dicho, que no se *debe* detener.

Vuelvo al botón rojo. Sí, yo le daría, sin duda alguna, aunque ni me lo planteo porque es imposible. Pero eso no quiere decir que me identifique, o no del todo, con los doomers. Y, desde luego, no con los aceleracionistas. No creo que sea obligatorio elegir bando, en absoluto. Se puede tener un pie en cada lado. Eso no solo es totalmente razonable, sino que me parece la posición más coherente.

No se puede estar en contra de la IA porque ya está aquí y no hay marcha atrás, pero la hostIA que se nos viene encima es tan bestia que deberíamos desarrollarla con mucha prudencia y sensatez. Si queremos que la mayoría de nosotros no lo sufra en exceso, deberíamos ir con mucho cuidado al implementarla, y, sobre todo, hacerlo de forma sensible y con los menores daños colaterales posibles.

Ni doomer ni aceleracionista: en medio.

Demis Hassabis, CEO de DeepMind, la empresa de IA de Google y premio nobel en 2024 por inventar AlphaFold, una de las aplicaciones de inteligencia artificial más importantes que hemos visto hasta ahora, lo dijo de una forma muy clara en una entrevista hace un tiempo: si eres aceleracionista, si quieres que la IA venga cuanto antes, eres un inconsciente, porque si supieses el impacto que esto va a tener en la sociedad querrías que lo hiciésemos bien y no rápido.[3]

Me identifico al 100% con esto: hay que ha-

3 r/singularity. «Google DeepMind CEO: "Accelerationists don't actually understand..."», Reddit, 25 de septiembre de 2023. <https://www.reddit.com/r/singularity/comments/1doq60k/google_deepmind_ceo_accelerationists_dont/>.

cerlo bien y no rápido, y para ello hay que tenerle cierto odio, hay que ser consciente de lo malo y no solo un *fanboy* de los beneficios, lo que a veces es fácil por la magnitud de los mismos.

Repito, la IA ha venido para quedarse, eso es incontestable, y es algo que debemos tener muy claro. Ya estamos superando la fase de adopción y entrando en la fase de transición. Y, como ya he dicho, este no es un tren al que eliges subirte o no, es un tren al que te subes o te atropella. Pero hasta que entremos, por fin, en la fase de bonanza, ¿a cuánta gente nos vamos a llevar por delante? ¿Y si lo paramos? ¿A cuántas personas les estamos negando la oportunidad de formar parte de esto, incluso de curarles una enfermedad?

Yo tengo muy clara mi dicotomía y vivo relativamente cómodo en ella, pero creo que lo mejor será explicarte lo bueno y lo malo de la IA para que tú saques tus propias conclusiones.

Capítulo 4

UN REGALO CAÍDO DEL CIELO

con toda la razón. Hace cien años no existía ningún remedio efectivo ni aún se había inventado ninguna vacuna contra el sarampión, las paperas o la varicela, enfermedades que, por aquel entonces, podían ser mortales (y, de hecho, mataban a mucha gente). Hoy en día, no solo han dejado de ser letales, sino que están casi erradicadas.

Ahora imagina cómo veremos los tratamientos médicos actuales dentro de diez años.

Lo más bestia que ha hecho la IA en ciencia se llama AlphaFold (ahora vas a entender por qué le dieron el Nobel a Hassabis), y presta atención porque quizá es el mejor ejemplo de lo que supone la IA para la humanidad. Desde hace décadas existe un problema de biología importante llamado el plegamiento de las proteínas. Básicamente, y de forma muy simplificada, necesitamos saber cómo las proteínas se pliegan en estructuras tridimensionales. Sí, sé que suena a chino, pero es algo necesario para la investigación científica en muchos campos. Conocer esas estructuras es clave para entender enfermedades o desarrollar nuevos medicamentos. Una pequeña empresa llamada DeepMind decidió solucionar este problema que arrastramos desde los años setenta con inteligencia artificial. Obviamente, cuando empezaron con ello, en 2016, nadie daba un duro por su éxito, pero para 2018 ya se había convertido en la solución menos mala que teníamos.

Tradicionalmente, un científico muy listo dedicaba su doctorado a predecir el plegamiento de una proteína, muchos lo hacían. Esto podía llevar dos o tres años de trabajo, y el resultado es que acertaban en un 60% de las veces. Es decir, 4 de cada 10 veces tirábamos a la basura años de investigación de uno de los tipos más listos sobre la faz de la tierra.

AlphaFold lo hace en segundos, con un 90% de eficacia.[2]

Hemos pasado de años con el 60% de acierto, que tardábamos los humanos, a segundos con el 90%, que tarda la IA, en uno de los temas más importantes de la ciencia actual. La última versión de esta IA, en menos de un año, ya ha predicho la estructura de todas las proteínas conocidas por

2 John Jumper *et al.* «Highly Accurate Protein Structure Prediction with AlphaFold», *Nature* 596, n.º 7873 (2021): 583-589. <https://doi.org/10.1038/s41586-021-03819-2>.

90 % de eficacia en la predicción del plegamiento de una proteína.

el hombre y ha hecho públicos los datos para que científicos de todo el mundo puedan trabajar sobre ello, descubriendo nuevos medicamentos que jamás hubiésemos conseguido sin ella. Si lo hubiésemos tenido que hacer los humanos, nos hubiese llevado, literalmente, una acumulación de mil millones de años de trabajo.

Por esto, AlphaFold ganó el Premio Nobel de Química. Bueno, técnicamente se lo dieron a Demis Hassabis y John Michael Jumper, los humanos que crearon, junto al equipo de DeepMind, esta IA que ha cambiado el rumbo de la humanidad; pero qué quieres que te diga, para mí, quizá

ALPHAFOLD FUE la primera inteligencia artificial en ganar un Premio Nobel.

es *de facto* el primer Premio Nobel que gana la inteligencia artificial.

No será el último.

La IA no solo nos ayuda en biomedicina, sino también en muchos más campos de la ciencia:

Un estudiante de secundaria de California, llamado Matteo Paz, identificó un millón y medio de objetos cósmicos desconocidos hasta ahora utilizando una IA que él mismo pudo programar.[3] Repito, un estudiante de secundaria hizo lo que, en una década, científicos de la NASA no fueron capaces de hacer, y lo hizo gracias a la inteligencia artificial.

3 California Institute of Technology. «Exploring Space with AI», 11 de abril de 2025, *Caltech News*. <https://www.caltech.edu/about/news/exploring-space-with-AI>.

Paz creó un modelo basado en aprendizaje automático para analizar una enorme cantidad de datos recopilados por el telescopio espacial NEOWISE durante más de una década y que son públicos. El modelo detecta variaciones sutiles en las mediciones que indican fenómenos espaciales variables, como estrellas pulsantes, explosiones o cuásares que no se habían catalogado antes. Esta IA pudo extraer esa información y generar un catálogo enorme de objetos variables, que los astrónomos humanos no habían detectado a pesar de disponer de los datos desde hacía más de diez años.

Y es que la IA tiene estas cosas, un adolescente puede hacer descubrimientos que permitan avanzar a la ciencia más rápido que todo lo que hemos venido haciendo hasta ahora.

Otro ejemplo increíble es lo que está consiguiendo NVIDIA Corporation con Earth-2, una IA que crea un «gemelo digital» del clima de la Tierra para simular y visualizar el tiempo con mucha más precisión y velocidad que los modelos tradicionales. Earth-2 permite recrear la atmósfera global, la nubosidad local, tifones y tur-

UN AÑO

con esta poderosa herramienta equivale a diez de los de antes.

bulencias a escala. Permite generar simulaciones interactivas de alta resolución en menos tiempo: crea imágenes 12,5 veces más detalladas, lo hace 1000 veces más rápido y además 3000 veces más barato.[4] La Administración Central de Meteorología de Taiwán la usará para prever la trayectoria y el impacto de tifones y así reducir riesgos de inundaciones y las víctimas que ello conlleva.

Hay muchos más ejemplos, no paran de aparecer, porque tenemos que entender una cosa. Históricamente, si dedicabas recursos tanto humanos como económicos a una ciencia, esta progresaba

4 NVIDIA. «NVIDIA Announces Earth Climate Digital Twin», 18 de marzo de 2024. <https://nvidianews.nvidia.com/news/nvidia-announces-earth-climate-digital-twin>.

más deprisa, mejoraba. Pero esos recursos, destinados a descubrir nuevos materiales, no hacían que mejorasen otras ciencias, como la medicina. Ahora cada euro y cada hora invertidos en IA hacen que todas las ciencias avancen, ya que los modelos de IA que mejoran se utilizan en todas ellas. Esto hace que haya una focalización de recursos muy eficiente sobre esta tecnología; de hecho, el nivel de inversiones en IA ya ha hecho que sea la mayor inversión en infraestructura de toda la historia de la humanidad.

La medicina sin duda es la ciencia con mayor impacto directo en las personas, y por eso creo que es importante que nos demos cuenta de cuánto está ayudando la inteligencia artificial en este campo. AlphaFold es increíble, pero me quedo también con un ejemplo más bajado a tierra de cómo la IA nos está ayudando en algo tan relevante como los diagnósticos médicos: un equipo médico australiano ha creado un modelo que, a partir de una imagen de una biopsia, es capaz de determinar si en esa muestra hay un tipo de cáncer concreto, con un porcentaje de acierto del 99%, es decir, prácticamente perfecto. Esos mismos médicos de la Universidad Charles Darwin, hasta ahora, utilizando todas las tecnologías que la ciencia médica había puesto a su alcance, conseguían un porcentaje de acierto en el diagnóstico de la biopsia del 78%.[5] Esa diferencia entre un 78 y un 99% es la diferencia entre la vida y la muerte para mucha gente, no es algo anecdótico, es realmente importante. Está claro que cuanto más pronto se detecte un cáncer, mayores son las posibilidades de tratarlo con éxito y con menor sufrimiento para el paciente. Y la IA es capaz de detectar los cánceres cuando están en una fase tan embrionaria que es imposible que el médico humano pueda verlo.

Cada día se publican en el mundo cerca de 7000 *papers* técnicos sobre medicina. ¿Cuántos crees que se ha leído tu médico hoy? Tu diagnós-

---

5 Michael Irving. «Nearly 100% of Cancer Identified by New AI, Easily Detecting Endometrial Tumors», *New Atlas*, 20 de marzo de 2025. <https://newatlas.com/cancer/ai-cancer-diagnostic/>.

7000 *papers /día* sobre medicina. ¿Cuántos se habrá leído tu médico hoy?

tico, o la solución a tu enfermedad, la de tu hijo o la de tu madre, podría estar en uno de ellos, y la IA se los ha podido leer y procesar. Todos y cada uno de ellos.

Sin ninguna duda, lo que la IA está haciendo por la ciencia no se ha visto nunca, y quizá, como decía al principio, es de lo más importante que va a hacer. Pero los beneficios de la IA no se quedan aquí.

Capítulo 5

EDUCACIÓN: UN TUTOR PERSONAL LAS VEINTICUATRO HORAS, LOS SIETE DÍAS DE LA SEMANA, A MEDIDA DE NUESTROS HIJOS

Cuando me invitaron a dar una ponencia en Naciones Unidas, sabía que debía llevar algunas diapositivas que se te grabasen en la cabeza, y creo que la mejor de todas fue la que usé para hablar de educación. En ella dije algo así:

«El futuro se está dibujando en tiempo real delante de nuestros ojos, no sabemos qué será lo que podrá ayudar a nuestros hijos en este nuevo paradigma, pero estoy seguro de que lo que no les valdrá será un itinerario caducado, necesitas una brújula, y qué mejor brújula que la inteligencia artificial, que es precisamente lo que está dibujando el mapa».

Me reconocerás que es buena. Estuve inspirado, aunque tengo que confesar que ChatGPT me ayudó con ello.

Yo, como padre de dos niños en edad escolar, no puedo evitar que uno de los aspectos de la IA que más me preocupe sea cómo va a afectar a la educación. Y es que, en esto, también nos va a caer una buena hostia...

Tengo dos hijos, Noah y Maya. Y debo admitir, desde la más profunda humildad, que no tengo ni puñetera idea de cómo ayudarles a definir su futuro. Yuval Noah Harari, historiador e investigador sobre la IA y la humanidad, ha dicho que somos la primera generación en la historia que no sabe cómo ayudar a sus hijos.[1]

En toda la historia no ha habido un momento así; incluso cuando te invadían los vikingos... Vale, hacían ataques relámpago con hachas y espadas, y, si no te crujían, te esclavizaban. Pero si los vikingos no llegaban, sabías que si enseñabas a tus hijos a ordeñar vacas y cultivar cereales, ello les ayudaría, pero ahora mismo no tengo claro qué conocimientos o habilidades serán más útiles en un futuro dibujado por la IA.

Cuando pensamos en el futuro de la educación, no pensamos en clases de treinta chavales donde

---

1 Yuval Noah Harari. *21 Lecciones para el siglo XXI* (Barcelona: Debate, 2018).

el más espabilado se aburre y al que le cuesta más las pasa canutas; visualizamos otro rollo completamente distinto. En *Star Wars. Episodio I: La amenaza fantasma* (1999), el joven Anakin Skywalker tiene por maestro a una especie de inteligencia artificial que usa una imagen holográfica para relacionarse con él. En la serie de televisión *Star Trek: La nueva generación* (1987), el ordenador de a bordo de la nave Enterprise se encarga de la tutoría en los estudios del cadete adolescente Wesley Crusher.

Hay otras películas de ciencia ficción en las que aparece un profesor virtual dando lecciones: siempre hemos imaginado el futuro de la educación como algo totalmente personalizado y adaptado a cada alumno; nada de generalizar, todo lo contrario, focalizarnos en el potencial de cada individuo y en sacarlo a relucir. Creo que todos tenemos más o menos asumido que este es el futuro *lógico* de la educación. Lo que no esperábamos es que llegara tan pronto.

Alpha School en Estados Unidos es una prueba de ello. Se fundó en 2014 en Texas, y siempre había sido una escuela del montón, mediocre. En

2022 lo vieron muy claro y aplicaron un modelo de plan de estudios basado en la tutoría individual por IA. Un par de años después sus alumnos ya puntuaban en el top 2% del país y tras un año más en el top 1%.[2]

2h al día con una IA como tutor = top 1 % del país

El modelo Alpha School es muy simple: lo que tiene que aprender un alumno lo decide una IA y lo personaliza a su caso concreto; el alumno pasa dos horas al día con su tutor virtual, donde hace todo lo que es «aprendizaje tradicional». El resto de las horas, además de, por supuesto, haciendo deporte y jugando, las pasa en el patio

2 Joshua Rhett Miller. «What Happens When Teachers Are Replaced With AI? This School Is Finding Out», *Newsweek*, 1 de mayo de 2025. <https://www.newsweek.com/alpha-school-brownsville-ai-expanding-2063669>.

con los profesores humanos, que ahora se llaman «guías» y que se ocupan de educarlos en sus habilidades sociales, resolución de conflictos, gestión emocional y presentación efectiva.

Este modelo ha sido un éxito rotundo, y ya hay más escuelas donde se está empezando a aplicar. En una de Reino Unido se programa, cada día, una hora de profesor virtual para los alumnos. Este profesor virtual, que es una IA, decide el temario que se le tiene que dar a cada estudiante basado en lo que sabe de ellos.

¿Debemos cambiar de modelo educativo? ¿Es este el modelo a seguir? En cuanto a la primera pregunta: sin duda sí; respecto a la segunda, no estoy tan convencido, pero los beneficios de que a un niño le puedas prestar una educación a medida y adaptada para sacar todo su potencial son sin duda absolutamente increíbles.

Es evidente que hay que replantear la educación. Nuestro sistema actual ya no vale, hay que redefinirlo desde la base, y eso no es nada fácil, pero el objetivo nunca ha sido que sea fácil, sino que sea lo mejor para ellos y creo que eso es indiscutible.

Llevamos muchas décadas educando para adquirir conocimientos. Y de repente nos encontramos en un entorno, en una sociedad, en la que el conocimiento nos lo proporciona, de forma instantánea y gratuita, ChatGPT o cualquier otra inteligencia artificial. Estarás de acuerdo que ya para otras generaciones tenía poco sentido aprendernos los ríos de España, pero es que a día de hoy seguimos examinando conocimiento, seguimos examinando capacidad de memorizar, es decir, premiamos a nuestros alumnos si consiguen habilidades que no sirven de nada en un mundo con IA... no es el camino.

No le estamos dando la mejor formación a nuestros hijos, les estamos dando la mejor formación que nos podíamos permitir como sociedad.

Tenemos que entender qué es educar, como concepto, y es muy sencillo, se trata de preparar a los jóvenes para el mañana. No sé tú, pero yo no tengo la menor duda de que la IA será una parte tremendamente importante del futuro de mis hijos y, por lo tanto, es indispensable que planteemos una educación con ese objetivo.

En lugar de ello, estamos viendo cómo se intenta prohibir o penalizar la inteligencia artificial en las escuelas y universidades.

Tengo una comunidad llamada el Club de la IA; desde 2023, unos pocos miles de personas compartimos algunos grupos de WhatsApp en los que hablamos de diferentes temas relacionados con la IA. Recuerdo que, muy al principio, creamos grupos «sectoriales» y entre ellos uno de profesores.

Un profesor me dejó marcado cuando le contestó a otro que se quejaba de que sus alumnos hacían los trabajos con inteligencia artificial y que así no podía valorarles.

—Yo, en lugar de decirles que hagan una redacción, ahora lo que hago es hacer tres en clase con ChatGPT y la tarea de los alumnos es decirme cuál es mejor y porqué.

Pensamiento crítico. En mi opinión, eso es lo más importante que debemos hacer que aprendan nuestros chavales, estoy convencido de que esto será una de las cosas más necesarias en el futuro que nos viene con la inteligencia artificial.

No creo que ningún padre discuta que su hijo aprendería mucho mejor con un tutor personalizado que en una clase en la que el profesor debe compartir su atención con treinta alumnos más. Si te diesen la opción y no te costase un ojo de la cara, lo elegirías sin pestañear. Bien, pues la IA lo va a hacer posible si queremos.

24/7 de tutor personal.

Gracias a ella tenemos la oportunidad de dar a nuestros hijos una mejor educación. Esa oportunidad ya está al alcance de nuestra mano. Pero antes, los adultos debemos aceptar que tienen que cambiar muchas cosas. Y ese es el problema principal: a nosotros nos va a costar mucho más cambiar que a ellos.

Desde luego no va a ser cómodo hacer todos los cambios que requiere un sistema educativo basado en IA.

Debemos ser humildes y trabajar nuestra ignorancia sobre cómo va a ser el mundo en el futuro a causa de la IA. No sabemos a qué se van a enfrentar nuestros hijos.

Si mi hijo me pregunta qué va a hacer de mayor, a qué se va a dedicar, mi respuesta debe ser que no tengo ni puñetera idea. Esa debe ser mi contestación, porque no hay otra. Y eso quiere decir que tenemos que invertir tiempo y recursos en preparar a nuestros hijos para ser capaces de pivotar constantemente sobre un escenario cambiante.

Yo el único camino que veo es la integración absoluta de la inteligencia artificial en el proceso educativo, desde cero. Pero eso sí, con limitaciones.

«Delegación cognitiva» es un término que me explicó el gran Senén Barro en uno de mis pódcast.[3] Según lo entiendo, significa ceder a las máquinas parte de nuestros procesos mentales, un poco como lo que hemos hecho con los GPS; no sé el resto de la humanidad, pero yo soy absolutamente incapaz de leer un mapa hoy en día. Con la IA, esto nos hará ganar eficiencia, pero nos lleva al riesgo de adquirir una «deuda cognitiva» que debilitaría habilidades como el pensamiento crítico, la memoria y la creatividad por no ejercitarlas. Viene a significar que, si empezamos a utilizar la inteligencia artificial para todo, nos vamos a volver gilipollas.

Mi teoría es que no es tan sencillo. Creo, más bien, que la inteligencia artificial va a liberar parte de nuestra capacidad cognitiva, ya que no tendremos que usarla. Después, es responsabilidad de cada uno cómo emplear esa capacidad que ahora está disponible. Si la rellenas con vídeos de TikTok y *realities*..., pues sí, te vas a volver gilipollas. Pero si, en cambio, aprovechas y la ocupas con, no

---

3 Jon Hernández. «Los secretos de la inteligencia artificial | Senén Barro», *Podcast IA*, 9 de octubre de 2025. <https://www.jonhernandez.education/podcast/podcast-ia-impacto-inteligencia-artificial-sociedad-senen-barro/>.

sé, estudios de filosofía, por ejemplo, igual no te vuelves gilipollas, sino más sabio.

Pero cuidado, en un niño la cosa es diferente, porque su cerebro aún se está formando y conectando, por lo que las consecuencias de una delegación cognitiva son mucho peores. Ellos igual sí que se vuelven imbéciles de verdad si no les damos las herramientas para desarrollarse de forma adecuada. ¿Mi opinión? Falta muchísimo estudio sobre el tema para sacar conclusiones claras.

Sea como sea, el futuro pasa por la IA, y los chavales, desde una edad lo más temprana posible, tienen que estar involucrados con ella, saber qué es y saber cómo usarla bien. Es completamente necesario.

Se nos presenta la oportunidad de hacer algo realmente increíble en la educación. Y ese es un sector en el que es mucho más fácil innovar que en la medicina o la ciencia en general, porque los riesgos de los posibles errores no son tan altos. Por eso creo que deberíamos apostar por ello. No nos podemos permitir no hacerlo. Aun así, y a pesar de que esto va a ser un cambio increíble, para mí es uno de los aspectos de la IA que menos me preocupa, y eso que soy padre y, como es natural, estoy preocupado por el futuro de mis hijos.

Con la educación yo solo veo que la IA la va a mejorar, es de las pocas cosas en las que no veo cómo puede irnos mal, el único problema es el peaje que toca pagar, ya que replantear el sistema educativo que llevamos décadas usando no es sencillo. No nos obsesionemos con la educación, a la parte más joven de la sociedad le va a ir bien, ya que los jóvenes tienen algo muy importante: tiempo.

Nosotros, en cambio, no tenemos tanto tiempo y la nueva tecnología nos va a pegar una buena hostia, por lo que debemos ponernos las pilas cuanto antes.

Capítulo 6

PRODUCTIVIDAD

Como te he mostrado hasta ahora, la IA está mejorando cosas que nos afectan a todos, y los beneficios en ciencia y educación harán crecer a la sociedad. Pero creo que donde está aportando de forma más inmediata y tangible es en la productividad laboral, en el valor que aportas en tu trabajo.

Ten en cuenta que el mundo se mueve por productividad, casi toda actividad económica se define por cuán rápido puedes generar un bien o un servicio, y eso indica la cantidad de este que se puede producir, define su precio y, en definitiva, el impacto económico o beneficio social que aporta. Si los médicos pueden ser más productivos, eso supone más y mejor sanidad para todos. De la misma forma, si una consultora puede hacer el trabajo un 10% más rápido, ello supone que pueda llegar a más clientes o bajar el precio de su servicio, y que nuevos clientes que no podían acceder a este ahora puedan.

Prácticamente todo lo que hacemos los humanos se define por nuestra capacidad de producirlo, es decir, por la productividad.

La inteligencia artificial crea un **nuevo paradigma de productividad** en la humanidad, donde, de forma muy inmediata, podemos hacer mucho más en el mismo tiempo.

Esto es algo tan básico y tan importante que define completamente tu puesto de trabajo: cuánto ganas viene en gran parte determinado por cuán productivo eres, pero ya no solo con respecto al sueldo, sino también respecto a cómo tu empresa te valora, ya que un empresario siempre preferirá a un trabajador más productivo antes que a uno que lo es menos, salvo que haya otros elementos relevantes que tener en cuenta.

Microsoft publicó en 2024 un estudio sobre productividad y la incidencia de la IA en ella: la conclusión fue que la implantación de la inteligencia artificial en las rutinas de trabajo aumenta enormemente la eficiencia del trabajador y tiene un retorno positivo de la inversión hecha en aprender a usar la IA.[1]

La mejora en la productividad transversal a nivel individual es de alrededor de un 20% de media. Es decir, si tú empiezas a aplicar en tu trabajo las herramientas de inteligencia artificial que ya existen ahora mismo, puedes quitarte de encima unas ocho horas a la semana de tu jornada, así de fácil y así de bestia. Nunca, jamás en la historia del trabajo, hemos visto que algo tan fácil de aprender y tan fácil de utilizar traiga tanto retorno inmediato.

Evidentemente, los estudios, tanto el de Microsoft como otros, indican medias, esto no va a ser igual en todos los trabajos ni en todas las profesiones. En algunas actividades, el incremento de la productividad va a ser menor, pero en otras va a estar muy por encima de ese 20%: los datos apuntan a entre un 40-60% en actividades como, por ejemplo, la programación.

Yo mismo utilizo inteligencia artificial en mi

---

1 Microsoft WorkLab. «AI at Work Is Here. Now Comes the Hard Part», 8 de mayo de 2024. <https://www.microsoft.com/en-us/worklab/work-trend-index/ai-at-work-is-here-now-comes-the-hard-part>.

Niveles de «exposición» a tareas de LLM por grupos de ocupación

2022

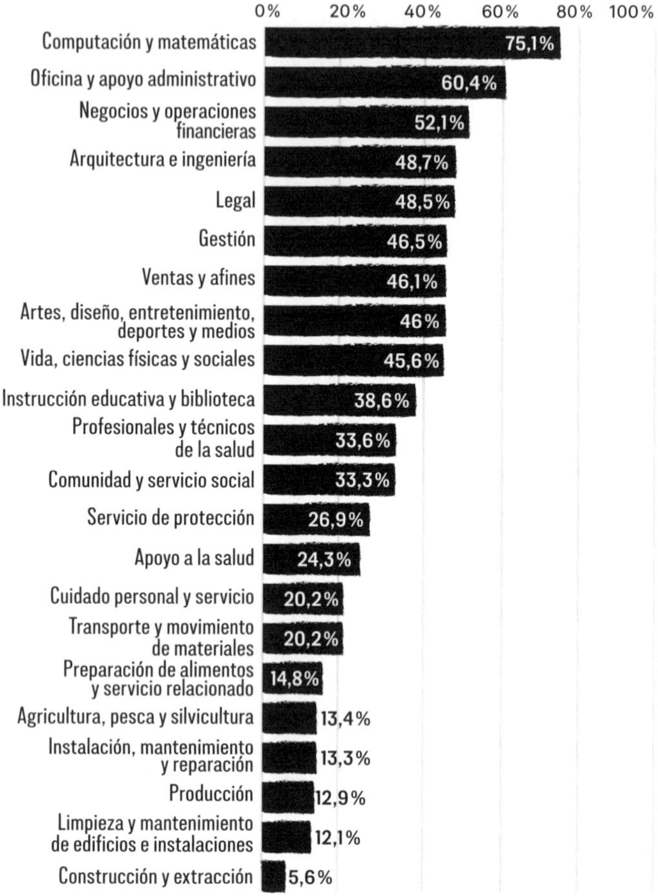

Nota: Estos datos estiman la proporción de tareas de cada grupo ocupacional para las cuales ChatGPT-4 puede reducir el tiempo que tardan los humanos en completarlas en un 50 % o más.

Fuente: Kinder, Molly, Xavier de Souza Briggs, Mark Muro y Sifan Liu. «Generative AI, the American worker, and the future of work», Brookings, 10 de octubre de 2024. <https://www.brookings.edu/articles/generative-ai-the-american-worker-and-the-future-of-work/>.

actividad, y creo que he aumentado mi productividad más del 100%.

Sí, a mí la IA me permite hacer el doble de lo que hacía antes.

Para empezar, me libera mucho tiempo en la tarea con la que casi todo el mundo empieza su jornada laboral: revisar mi correo electrónico. Ahí me ahorro, como poco, dos horas diarias. Todos los días recibo unos doscientos correos, más o menos, y no hablo de *spam* y cosas inútiles, sino de mensajes de trabajo relevantes, propuestas para impartir ponencias, clientes interesados en formación, acuerdos de patrocinio, respuestas a cadenas interminables sobre un proyecto u otro, ya sabes, este tipo de cosas. Pues bien, ahora mismo, cuando llego por la mañana y abro el portátil, todos esos correos ya están prerrespondidos. Lo único que debo hacer es echarles un vistazo y decidir si los apruebo o cambio algo antes de enviarlos.

Lo que realmente sucede es que cada vez que me llega un correo, sea a la hora que sea, una IA lo lee, analiza y responde como lo haría yo, ya que la tengo entrenada en las decenas de miles de respuestas que he mandado a lo largo de mi vida. Cuando empecé a usarla para esto, pensé que igual sería complicado que lo hiciese como yo, pensé que sonaría artificial, que sería robótico, frío... Esta IA en concreto se ha entrenado en mis correos de los últimos dos años y no ha copiado lo que yo he dicho antes, sino que ha entendido cómo respondo ahora y lo imita. Tengo que confesar que cuando la configuramos por primera vez con mi equipo y me hizo el primer borrador me sorprendió lo bien que estaba, parecía que lo hubiese hecho yo.

¿Lo mejor? Esta IA mejora todos los días, con cada correo que enviamos (nótese el plural refiriéndome a: yo + ella) aprende qué he cambiado de su propuesta, cómo lo he planteado o qué he añadido. Y el siguiente, lo hace mejor.

Incluso ha desarrollado habilidades emergentes por sí misma, es decir, que no estaban indicadas en sus instrucciones. Por ejemplo, esta IA ha aprendido qué tipo de consultas reenvío yo habitualmente y a quién de mi equipo, y ahora cuando llega un correo de alguien pidiendo información por un producto, de forma automática redacta otro, pero no a ese cliente, sino a mi equipo de soporte para que le contesten. Es justo lo que haría yo y nada que ver con lo que haría un software programado.

Otra habilidad espectacular es la que ha desarrollado cuando alguien me pide alguna documentación: se ocupa no solo de redactar una respuesta, sino de encontrar esa información, si ya está en mi correo, y adjuntarla, ahorrándome tener que buscarla.

Contestar ese volumen de correos me llevaba fácilmente unas dos horas y media de trabajo casi todos los días. Ahora reviso borradores, en algunos cambio algún detalle, y en menos de media hora he vaciado la bandeja de entrada.

A estas alturas creo que podría configurarla para que respondiese los correos directamente en lugar de hacerme borradores y que sea yo quien los envíe. Eso me ahorraría aún más tiempo, pero sigo sintiéndome incómodo si no le doy yo al botón de enviar.

Otra actividad en la que la IA me ahorra mucho tiempo es en las reuniones. Y gracias a ella, gano entre media hora y cuarenta y cinco minutos después de cada reunión. A mis reuniones asiste una inteligencia artificial que lo escucha todo: literalmente entra en el Meet, Zoom o Teams de turno, o está en un dispositivo físico si es presencial. Al finalizar el encuentro, de manera automática, saca toda la transcripción, es decir, la versión en texto de lo que se ha dicho, la analiza, y a partir de ahí ejecuta la tarea que le pida o le tenga encargada. Por ejemplo, hace un resumen, examina los temas tratados, los acuerdos a los que se ha llegado, los próximos pasos establecidos, etcétera. Incluso ahora tengo una IA que, si se lo pido, me genera un PowerPoint personalizado de todo lo tratado en la reunión, algo nuevo, original, sin plantillas cutres, que puede ser una propuesta económica o cualquier otra cosa. Tarda unos ocho minutos en hacerlo y si no le pido el PowerPoint y solo le pido un resumen o un email, no más de dos.

Cuando yo hacía estas cosas, un levantamiento de acta, una propuesta comercial tras una reunión, un resumen, lo que fuera, me podía llevar entre veinte y cuarenta minutos fácilmente cada vez, y no te cuento si tenía que hacer un PowerPoint... Eso eran horas. Tengo unas doce reuniones cada semana de media, así que calcula, la IA me ahorra alrededor de seis horas semanales solo en eso. Sumando esas seis a las diez que me quita con el correo electrónico, resulta que, en total, tengo dieciséis horas más a la semana para lo que yo quiera, pasar más tiempo con mis hijos, trabajar más o simplemente descansar.

Horas ahorradas semanalmente gracias al uso de la IA

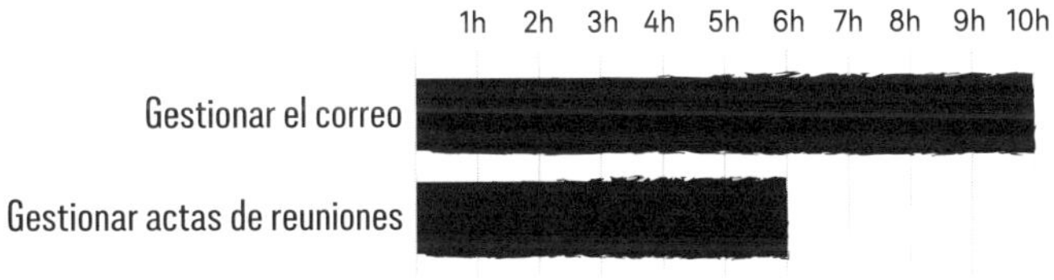

Estos son dos ejemplos, pero tengo muchos más, infinidad. En mi caso la inteligencia artificial forma parte de casi todos mis procesos, me permite ser ultraproductivo. A menudo en las entrevistas me preguntan: «¿Cómo puedes hacer todo lo que haces?». Lo cierto es que son muchas cosas, cientos de ponencias al año, dirigir múltiples empresas, hacer varios vídeos semanales en YouTube, ser padre y marido, e incluso, ¡escribir un libro! La respuesta es que no sería posible si no fuese por la IA.

Pero no solo yo, esto también lo aplico a todo mi equipo; gracias a esta herramienta mis trabajadores son superhéroes del trabajo.

Todo lo que haces debería pasar por IA de una forma u otra, de la misma manera que casi todo lo que hacemos hoy en día pasa por la electricidad.

Si juntas estas dos cosas —el hecho de que el mundo está muy basado en la productividad y que la IA te la dispara—, puedes ver por qué no te puedes permitir no usarla. Este es un tren al que, o te subes, o te pasa por encima. Así que la pregunta que te debes hacer no es si vas a aplicarla o no a tu trabajo, sino: ¿vas a aplicar la IA a tu trabajo antes de tener una desventaja competitiva y no estar a la altura de lo que otros ya están aportando?

Además, manejarla está al alcance de todo el mundo, no requiere absolutamente nada, ningún conocimiento previo. Solo necesitas saber hablar, en tu propio idioma, porque la IA funciona con lenguaje natural.

En el primer capítulo de este libro he mencionado, un poco de pasada, un estudio de la consultora McKinsey en el que se dice que si la inteligencia artificial, tal como es hoy en día, sin necesidad de que avance más, se aplicase y se convirtiese en herramientas horizontales que puedan ser utilizadas en nuestros procesos laborales cotidianos, como lo hago yo, podría cargarse el 57% de las horas trabajadas en Estados Unidos.[2] Es decir, podríamos hacer lo mismo en menos de la mitad de tiempo. ¿Somos conscientes de lo brutal que es esto?

También es accesible, ya que una suscripción mensual a ChatGPT o Gemini cuesta lo que un cubalibre mal tirado en una discoteca de Barcelona, unos veinte euros. Así que el coste tampoco puede ser un freno.

Es cierto que fuera del primer mundo, en otros países, esto puede ser un lujo. Pero aquí, en España, casi todo el mundo se lo puede permitir. Yo soy de la opinión de que a día de hoy es más caro

---

2 Lareina Yee *et al. Art. cit.*, McKinsey Global Institute, 25 de noviembre de 2025. <https://www.mckinsey.com/mgi/our-research/agents-robots-and-us-skill-partnerships-in-the-age-of-ai>.

no pagar por ello que pagarlo, porque tienes que valorar muy poco tu tiempo para que no te compense hacerlo, pero muy muy poco.

También es cierto que existen IA gratuitas, pero son muy limitadas y si no te has topado con alguna restricción es que no la usas lo suficiente.

A todo esto hay que sumarle que no solo le sacas provecho en tu actividad laboral: también puedes hacer la compra más rápido, exprimir de forma mucho más efectiva los ratos que pasas en el gimnasio, evitar pagar el entrenador personal; puedes organizar mucho mejor las actividades extraescolares de tus hijos o aplicarla a tu hobby favorito, puedes indagar y profundizar sobre los personajes de esa novela que estás leyendo... Es increíble la cantidad de tiempo y de esfuerzo que puedes ahorrarte con la IA en todos los frentes de tu vida.

Como ves, la inteligencia artificial tiene muchos beneficios, muchísimos. Pero, claro, todas las monedas tienen dos caras, y frente a las ventajas que hemos visto, por un lado, por el otro nos trae ciertos retos o incluso peligros que pueden ser muy complicados de gestionar para nuestra sociedad.

Capítulo 7

LA PRIMERA OLA, LA MANIPULACIÓN DE LA VERDAD

La IA nos va a traer muchos problemas, sesgos que está adoptando, dilemas éticos y morales derivados, preocupación por la delegación cognitiva y sus efectos a largo plazo, y muchos muchos más, pero hay tres que veo realmente grandes y muy pero que muy difíciles de gestionar. En mi cabeza imagino un tsunami que viene hacia nosotros, pero es tan grande que eclipsa el hecho de que, después de esta ola, hay otra que es aún mayor y que a su vez oculta otra peor detrás... Suelo llamarlo la **teoría de las tres olas**.

El primer tsunami no está viniendo, ya nos lo hemos comido, *de facto* tenemos el agua hasta el cuello con él.

Se trata de la pérdida de la noción de la verdad.

Hace ya mucho tiempo que la IA puede generar imágenes que para el ojo humano no son distinguibles de la realidad. Quizá has visto imágenes hechas con IA y has pensado que son casi perfectas. Lo que quizá no sabes es la cantidad de imágenes de este tipo a las que no les has prestado atención porque tu cerebro ni cotejó el hecho de que pudiesen haber sido generadas con inteligencia artificial. Son muchas; de hecho, estoy seguro de que son la mayoría de las que ves en tu día a día.

Lo que quizá tampoco sabes es que hoy cualquiera que consiga una foto tuya y diez segundos de muestra de tu voz puede crear tu clon digital. Se conoce como un *deepfake*, y es de tal realismo y semejanza que tu familia no sería capaz de distinguirlo de ti en una videollamada.

Esto es un poco como el dinero falso: se pueden hacer billetes falsos que parezcan reales, que sean muy difíciles de diferenciar. Alguna vez seguro que te habrán colado alguno: en general, que te cuelen uno de cincuenta euros te jode el día, pero no dejas de pagar la hipoteca, no te arruina la vida.

Claro, tenemos suerte de que, para hacer un billete falso bueno que de «el pego» y no se vea a la legua, se necesitan muchos recursos, máquinas especiales, personal cualificado. En definitiva, no es algo que se pueda hacer fácilmente.

Pero ¿qué pasaría si de repente le damos a toda la sociedad máquinas de manivela que hacen billetes de cincuenta euros perfectos, indiferenciables de los reales?

Que se nos hunde la economía en dos días...

Pues precisamente eso ha pasado con los *deepfakes*, hemos entregado IA que hacen reproducciones indistinguibles de la realidad de vídeos, imágenes y audios a todo aquel que las quiera por un coste de casi cero.

Hasta ahora, para rejuvenecer a Harrison Ford para la última peli de Indiana Jones, o para intentar poner a un político diciendo algo que no ha dicho, necesitabas un ejército de personas muy capacitadas y ordenadores increíbles que no están al alcance de cualquier mortal.

Mi hijo Noah, que tiene 11 años, hoy puede coger una foto de su profesor de la web del colegio, un audio que este le haya mandado al grupo de

WhatsApp de la clase y hacer un *deepfake* diciendo que mañana se suspende el cole, y mañana no va a ir ni el Tato a clase... Lo realmente problemático es que puede hacer eso con la imagen del próximo candidato a unas elecciones, publicarlo en X y que al día siguiente no vaya nadie a votar. Y no es que Noah sea un *hacker* excepcional, es que es tan fácil que lo puede hacer un niño.

Esto no es ciencia ficción, es tan real que ya estamos viendo casos muy graves de uso de la IA para estafas; por ejemplo, hace un tiempo el CEO de Ferrari llamó a uno de sus ejecutivos para que hiciese una transferencia de una compra de una empresa, algo que era muy urgente, ya que se jugaban mucho con ello. Al ejecutivo le pareció raro, y por eso se le ocurrió en un momento de lucidez preguntarle al CEO cuál era el libro que le había recomendado recientemente... La llamada se colgó: no era el CEO, sino alguien con su voz clonada, indistinguible de la auténtica, intentando estafar a la empresa.[1]

---

1 Sandra Galletti y Massimo Pani. «How Ferrari Hit the Brakes on a Deepfake CEO», *MIT Sloan Management Review*, 29 de enero de 2025. <https://shop.sloanreview.mit.edu/how-ferrari-hit-the-brakes-on-a-deepfake-ceo>.

No tuvo tanta suerte un tipo de una empresa multinacional en Hong Kong. Le convocaron a una reunión *online* para presentarle a su nuevo jefe, que estaba ubicado en Londres. A esa reunión asistían varios compañeros suyos de la oficina de Hong Kong, gente con la que comía a menudo y compartía espacio de trabajo cuando estaban en presencial. Durante la videollamada le encargaron a este pobre tipo que hiciese una transferencia de veinticinco millones de dólares; le pareció extraño, pero nada completamente fuera de sus asignaciones laborales, y además estaba reunido con media empresa y nadie lo veía raro. La hizo, y es el mayor robo que se conoce hasta la fecha perpetrado con inteligencia artificial.

Todos los asistentes eran *deepfakes*, nadie estaba realmente allí, los malos habían conseguido datos suficientes para replicar virtualmente a

25 M$ **el mayor robo cometido con IA.**

todos esos compañeros de trabajo del pobre individuo que habían elegido para la estafa y para hacerle creer que todo era real y cotidiano.[2]

La razón por la que caemos es porque es imposible no caer, venimos de una sociedad en la que una imagen, un vídeo o un audio son «prueba de verdad». Si hay una grabación de ti robando en una gasolinera, te vas a la cárcel; si hay un audio tuyo diciendo algo muy comprometido, pagarás las consecuencias; si estás en desacuerdo con alguien y te muestra una foto que prueba su argumento, lo aceptas... La imagen, el vídeo y el audio son lo que considerábamos prueba de verdad, pero ya no lo son.

Hoy por hoy cualquier imagen, vídeo o audio que veas o escuches puede estar manipulado, incluso ya existen herramientas que lo hacen en tiempo real, por lo que ni siquiera de una videollamada te puedes fiar.

En Estados Unidos hay una empresa bastante

---

2 CNN. «Finance Worker Pays Out $25 Million after Video Call with Deepfake "Chief Financial Officer"», CNN, 4 de febrero de 2024. <https://edition.cnn.com/2024/02/04/asia/deepfake-cfo-scam-hong-kong-intl-hnk>.

grande que ofrece servicios de atención al cliente para otras corporaciones, pero usando IA en lugar de humanos. Se anuncian como la IA con la que ya has hablado. Es decir, nos dicen que esta tecnología ya está aquí entre nosotros y que no nos hemos dado ni cuenta.

Hace tiempo que cruzamos lo que se conoce como el test de Turing, el momento en que el cerebro humano deja de ser capaz de diferenciar cuándo habla con una persona o una máquina. Es muy posible que si llamas ahora mismo para hacer una portabilidad de tu teléfono o devolver unos zapatos que no te han gustado, estés hablando con una IA y no con una persona, y, mira, hasta aquí todo bien; de hecho, se ha demostrado que si te atienden así ganas nueve minutos de tu vida en cada interacción, pero a la vez esto supone que nos puedan estafar mucho más fácilmente.

También en Estados Unidos se están viendo casos muy dramáticos; te llaman de repente y escuchas a tu hijo pidiendo ayuda, le han secuestrado, te dicen que si lo quieres recuperar debes ingresar unos pocos miles de dólares en un monedero de bitcoin. Tú en ese momento entras en pánico, joder, es tu hijo..., y pagas. Resulta que el niño está en el colegio perfectamente jugando, solo que en algún momento respondió a un extraño que le preguntaba cómo se llama su cole y con eso clonaron su voz.

Recuerda: solo se necesitan diez segundos de tu voz para clonarla.

10 segundos de una muestra de audio son suficientes para un clonado de voz perfecto.

También estamos viendo muchos perfiles famosos que reciben extorsiones por no publicar fotos de ellos desnudos que ni siquiera son auténticas, pero que parecen tan reales que si se publican el daño reputacional sucederá igual.

Y esto no son solo bandas de crimen organizado de alto nivel, esto lo puede hacer cualquiera. Hemos visto casos muy virales en España, como aquel donde unos chavales desnudaron con IA a una compañera de clase, con las dramáticas consecuencias que eso tuvo.

Yo mismo de vez en cuando me cruzo con un *short* en alguna red social hablando de IA con mi voz y sé que nunca lo he grabado. Pero ¿tú sabes que nunca lo he grabado? Si lo escuchas creerás que sí.

Siendo sincero, poco está pasando para lo fácil que es y no creo que tarde en convertirse en una bola de nieve realmente complicada de gestionar. Es que incluso empieza a ser difícil para los peritos judiciales validar si algo es real o no... Lo próximo será que veamos un vídeo de un político metiendo la mano en la caja y que el tipo diga que eso está hecho con IA, y dará igual si miente, porque no podremos demostrar que es mentira.

Estamos perdiendo la verdad, y va a ser muy complicado recuperarla. Durante muchísimo tiempo la sociedad no se ha fiado de dónde venía una noticia, de quién la decía, sino del contenido de la misma, de esa prueba de verdad: de esa imagen, ese audio o ese vídeo. Ahora habrá que darle la vuelta, no queda otra: creer si algo es verdad o no dependerá de si nos fiamos de quien lo dice, porque el valor de la prueba se ha evaporado.

¿Y qué podemos hacer? Pues poco, porque si lo hubiésemos pensado antes podríamos haber legislado la creación de esas *impresoras de billetes*, pero ya están repartidas. Obviamente hay muchas IA que podríamos limitar o incluso prohibir, pero es que son las mismas que usamos para hacer películas, portadas de discos, ilustraciones para catálogos de producto o el coloreable de nuestros hijos. Aunque quisiéramos, muchos de los modelos de inteligencia artificial son lo que se conoce como *open source*, es decir, de código abierto. Sistemas que se liberan al mundo para que cualquiera los pueda usar en sus ordenadores de forma local, sin depender de terceros ni de tan siquiera una conexión a internet, o incluso modificarlos para que hagan cosas que cuando se lanzaron no hacían. Estos modelos ya están en la calle, en millones de aparatos de todo el mundo, y seguirán en internet por mucho que los prohibamos.

Otro pensamiento tranquilizador es imaginar que los detectores de IA lo van a solucionar todo. Las grandes tecnológicas tienen tan claro que no podemos diferenciar estas creaciones artificiales que están intentando estandarizarlas, de forma que contengan una especie de marca de agua invisible y no eliminable que permita a tus dispositivos detectarlas y avisarte. La idea no es mala, pero tiene dos problemas principales: el primero, hay que ponerse de acuerdo en un estándar, y no parece que vaya a haber acuerdo, cada empresa quiere ser la salvadora del universo, y, por lo tanto, acabamos con que si la foto está hecha con la IA de Google Gmail te la marcará, pero Hotmail no y viceversa; y, peor aún, el segundo, para que esa marca exista hay que meterla durante la creación de la imagen, y aunque obligásemos por ley incluso a las *open source* a hacerlo, justo por ser *open source* podría eliminarse esa parte y hacer otra versión que no lo hiciera, y con mucha facilidad.

Esto será algo que puede mitigar el problema, pero sin duda no lo va a eliminar.

Geoffrey Hinton, premio nobel de física y uno de los padres de la IA, dice que la única forma para gestionar esto es como se gestiona el dinero falso, con una exageración de la pena por el potencial daño del delito. En Estados Unidos hacer dinero falso es delito federal; si intentas colar un billete, diez años a la cárcel: es exagerado, pero desincentiva.

Quizá con esto habría que hacer lo mismo, ejemplificar con casos que le quiten las ganas al resto de hacerlo, porque ya te digo que no le quitarás la posibilidad de cometer el delito.

Aun así yo creo que lo que más impacto tendrá contra la pérdida de la verdad es algo mucho más sencillo, la educación y la divulgación, porque si no puedes ni concebir que ese audio sea falso es mucho más fácil que te lo comas con patatas, pero si eres consciente de todo lo que se puede hacer hoy, igual te salta un ápice de duda y lo compruebas.

Esto ya pasó hace años con las fotos de portada. Yo vengo del mundo de la fotografía y lo vi con mis propios ojos. La manipulación de las imágenes existe desde el principio de este arte, pero hubo un auge enorme con la llegada del famoso Photoshop. Durante mucho tiempo, los fotógrafos manipulamos imágenes de actrices y modelos, y nadie ponía en duda ni su belleza ni su perfección, ya que nadie consideraba posible que le pudiesen quitar arrugas de la cara a una foto. Cuando Photoshop se hizo popular, el gran público empezó a entender que, por ejemplo, Angelina Jolie no se ve así en la vida real. Es más, llegó a tal extremo que ahora todo el mundo cree que se ha usado Photoshop aunque no se haya hecho. Hoy, con una portada ya no nos la cuelan..., sabemos que esta «photoshopeada».

Esto se debe a que la información y divulgación sobre el tema ha conseguido que la sociedad lo tenga en mente cuando ve una imagen y con la IA hay que conseguir lo mismo, que dudemos, que no nos creamos todo lo que vemos por el simple hecho de verlo y sobre todo que seamos críticos, muy críticos.

Pero seamos realistas, nada de esto va a solucionar el problema, como mucho puede mitigarlo, y me temo que va a ir a más y va a ser muy complicado de gestionar.

Y no tengo claro adónde nos lleva esto.

La realidad es que pronto no vamos a ser capaces de saber qué es verdad y qué no lo es, ya que todo parecerá serlo.

Capítulo 8

LA SEGUNDA OLA, EL EMPLEO

Aquí sin duda nos viene la mayor hostia, y como ya he dicho en otras ocasiones, será de proporciones bíblicas... En serio, va a ser muy bestia y no estamos nada preparados.

Piensa conmigo, estamos ante algo que nos permite hacer nuestro trabajo más rápido y mejor, con lo cual, de repente, todo el mundo puede hacer más con el mismo tiempo, la productividad de la que ya hemos hablado. Imagina un departamento de compras de una empresa grande, que procesa facturas, hace pedidos, etcétera. Imagina también que ese departamento necesita cien empleados para el volumen de trabajo que tiene. Un buen día los trabajadores empiezan a usar IA y, como hemos visto, su productividad aumenta como poco en un 20%. De repente, ochenta y cinco de ellos son capaces de producir lo mismo que los cien empleados que antes se necesitaban.

Pero la cosa no queda ahí, y es que hoy en día existen los famosos **«agentes de IA»**, que básicamente son inteligencias artificiales que hacen cosas, es decir, no solo nos ayudan a ejecutar nuestras tareas mejor y más rápido, sino que les podemos delegar algunas de ellas.

Uno de los primeros que surgió hace ya bastante tiempo se llama Deep Research, y aparece como función en casi todas las IA, pero es un agente. Si tú le mandas investigar sobre un tema se lanza a internet, visita decenas y decenas de páginas, y según lo que encuentra va generando nuevas búsquedas hasta que considera que tiene toda la información que necesita para hacerte un informe sobre el tema o problema que le has planteado y lo crea. El resultado es un informe ejecutivo de unas doce a veinte páginas, bien estructurado y con todas las fuentes citadas.

Le puedes consultar si merece la pena poner placas solares en tu casa de campo, qué software es el más adecuado para tu empresa o qué dieta es la óptima para ti. Lo hacemos muy habitualmente, pasamos horas informándonos sobre temas para poder tomar una decisión educada.

En mi empresa es algo que utilizamos, por ejemplo, para dar forma a nuestros pódcast. Cuando decidimos un invitado, hay que investigarlo, saber qué puede aportar a la conversación, cuál es su opinión sobre ciertas cuestiones, posibles controversias en que podamos meternos, en fin, saber con quién me voy a sentar para poder construir el diálogo y ejecutarlo de forma que sea útil e interesante para la audiencia.

Esto es algo que a Iban, un compañero de mi equipo, le llevaba unas cuatro horas de trabajo, y el resultado era un informe que yo me podía leer en un tren o en un avión y estar así preparado para el episodio en cuestión. Vale, pues Deep Research tarda entre seis y quince minutos, y el mismo Iban reconoce que él no podría hacerlo mejor.

¿E Iban? Bueno, Iban está en el paro... No, es broma, él ahora puede dedicar esas cuatro horas a otras cosas que nos aportan más valor, como buscar más invitados para que podamos producir más pódcast al mes.

Entonces ya no es solo que la IA te permita

hacer las cosas más rápido y mejor, es que además tienes que trabajar menos porque una parte de tus tareas ya no las harás tú, sino que las delegarás en la IA.

Volvamos a ese departamento de compras: si sumamos el 20% de incremento de productividad y como poco otro 20% del trabajo que está haciendo la IA con este tipo de agentes, resulta que setenta y un empleados pueden, así, hacer lo que antes requería cien de ellos.

No sé, qué quieres que te diga, pero para mí es blanco y en botella. Va a haber despidos, muchos despidos.

Y me podrás argumentar que ninguna revolución tecnológica ha generado menos empleo y es verdad, y también lo es que estamos posiblemente en el momento de la historia con más gente empleada en el mundo. Esto es algo que muchos economistas te dicen cuando se habla del impacto de la IA en el mercado laboral, pero no es un buen argumento. Stuart Russell, uno de los grandes investigadores y científicos de Reino Unido, explica por qué.[1]

---

1 Robin Pomeroy y World Economic Forum. «The Promises

Toda revolución tecnológica crea más trabajo. Sin duda.

Más trabajo, pero menos empleo.

Tu empresa va a hacer muchas más cosas gracias a la inteligencia artificial, WhatsApp va a tener más funciones, se van a sacar más productos, las discográficas van a publicar más álbumes, los autores van a escribir más libros, y así con todo. Se va a generar mucho más trabajo, como en su momento pasó con la Revolución Industrial o internet.

La única diferencia es que, en esta ocasión, una gran parte de ese trabajo lo va a hacer la IA, generando algo que nunca, nunca hemos vivido.

Se han hecho muchos estudios sobre el impacto de la IA en este sentido, y hemos mencionado va-

---

and Perils of AI – Stuart Russell on Radio Davos», World Economic Forum, 6 de enero de 2022. <https://www.weforum.org/stories/2022/01/artificial-intelligence-stuart-russell-radio-davos>.

rias veces el de McKinsey hablando de cómo esta tecnología, si la desarrollamos en horizontal, es decir, implementándola en lo que ya hacemos actualmente, podría automatizar, sustituir u optimizar el 57% de las horas trabajadas en Estados Unidos. Pero es que esta misma consultora tiene otro estudio que dice que para 2030 se prevé que, según cómo de rápido adoptemos la IA, se perderán entre cuatrocientos y ochocientos millones de empleos en el mundo, y eso, para que te hagas una idea, supone que entre el 15-30% de las personas que trabajan hoy se queden sin su puesto de trabajo.[2]

Hay muchos más estudios que empiezan a analizar todo esto: el MIT dice que la IA podría remplazar al 11% de los trabajadores en Estados Unidos hoy mismo,[3] Goldman Sachs emitió un in-

---

2 James Manyika *et al.* «Jobs Lost, Jobs Gained: What the Future of Work Will Mean for Jobs, Skills, and Wages», McKinsey Global Institute, 28 de noviembre de 2017. <https://www.mckinsey.com/featured-insights/future-of-work/jobs-lost-jobs-gained-what-the-future-of-work-will-mean-for-jobs-skills-and-wages>.

3 Project Iceberg. *Project Iceberg: Coordinating the Human-AI Future*, Massachusetts Institute of Technology, accedido el 3 de marzo de 2026. <https://iceberg.mit.edu/>.

forme en 2025 asegurando que el 7% de la fuerza laboral sería desplazada por la adopción de aquella,[4] otro habla de que se podría llevar nada más y nada menos que el 40% de los empleos, y así uno tras otro.[5]

No te lo voy a negar, también ha habido investigaciones optimistas que defienden que la inteligencia artificial va a generar mayor ocupación, pero yo no entiendo cómo. El trabajo en el mundo es prácticamente un juego de suma cero: si tu empresa decide abrazar esa tecnología y obtiene los beneficios que hemos visto y, por lo tanto, puede hacer más con la misma gente, tiene que haber otra de la competencia que pierda esa parte del pastel. Es decir, si de repente una mensajería empieza a optimizar procesos y con sus doce mil trabajadores es capaz de repartir el doble de pa-

---

4 Goldman Sachs. «How Will AI Affect the Global Workforce?», 13 de agosto de 2025. <https://www.goldmansachs.com/insights/articles/how-will-ai-affect-the-global-workforce>.

5 The Times. «AI Could Replace Half of American Jobs, Says Report», *The Times*, 25 de noviembre de 2025. <https://www.thetimes.com/business/economics/article/ai-could-replace-half-of-american-jobs-says-report-fbr8glxj2>.

quetes, otra empresa ha dejado de distribuirlos, ya que lo único que sucede es que cambian de manos, que unos ganan y otros pierden, y alguien tiene que cerrar su negocio despidiendo así a miles de personas.

Es cierto que esto no pasa en todos los sectores, hay algunos que no son de suma cero y en los que podríamos usar mucho más de lo que aportan, infinitamente más, por ejemplo, la salud. En los tiempos que corren, si quieres ver a un médico tienes que pedir hora, a veces para según qué cosas hay listas de espera que pueden demorarse meses. Si el sistema sanitario aumenta la productividad al nivel que estamos viendo, pasarán varias cosas. Primero, podrás ir al médico cuando te dé la gana, sin colas, sin listas que se eternizan. Segundo, te podrán atender mejor y durante más tiempo, ya que los profesionales de la salud no tendrán que pasarse horas haciendo informes. Tercero, algunos especialistas, como los psicólogos, serán mucho más accesibles y no tanto un lujo. Aunque multipliquemos por cien la productividad del sector sanitario, no se acabará la demanda. Siempre podremos usar más sanidad, pero ¿cuántos libros vas a leer este año? Estoy convencido de que, sean los que sean, no dependerá de lo rápido que los pueda publicar la editorial, sino de los que tú necesites o quieras. Casi todos los sectores son de suma cero y, por lo tanto, si alguien puede conseguir más clientes o cerrar más contratos, otro los pierde y empiezan los despidos.

¿Y sabes qué? Ya estamos viendo los primeros brotes de la hostia que se nos viene encima. En los últimos meses ha habido muchas noticias sobre despidos en grandes tecnológicas, miles de ellos en Amazon, expedientes de regulación de empleo enormes en Telefónica, decenas de miles en Microsoft y así un goteo sinfín de noticias aquí y

DECENAS DE MILES de despidos en grandes tecnológicas.

allá. ¿Y la principal causa? La optimización por inteligencia artificial.

En Estados Unidos hay un informe del estado del empleo llamado Challenger Report que es superinteresante porque lleva mucho tiempo analizando el mercado laboral desde fuera de forma imparcial.[6] En estos últimos años ha aparecido una causa de despido nueva: por supuesto, la IA, y ya empieza a subir dígitos en el porcentaje que supone del total.

También estamos viendo cómo estos últimos años los despidos han crecido muchísimo comparados con otros años, y estoy convencido de que van a seguir subiendo. Sin embargo, te diría que esto no va a ser lo peor que suceda.

Dario Amodei, el CEO de Anthropic, uno de los laboratorios de IA más importantes del mundo del que ya te he hablado, escribió hace unos meses un artículo en Axios en que decía que, en los próximos años, entre uno y cinco,

---

6 Challenger, Gray & Christmas. *Job Cuts Report*, Challenger, Gray & Christmas, Inc., accedido el 3 de marzo de 2026. <https://www.challengergray.com/blog/category/job-cuts-report/>.

se va a eliminar el 50% del trabajo júnior que se hace en las empresas, ya que lo va a hacer la inteligencia artificial.[7] Tiene todo el sentido del mundo, ya que las tareas que hace un júnior suelen ser las más sencillas y, por lo tanto, las primeras que esta tecnología va a poder hacer por sí misma.

De hecho, ya tenemos datos: el portal de empleo Adzuna en Reino Unido publicó un estudio en que se explica que han visto caer las ofertas de trabajo júnior un 32% desde que salió ChatGPT.[8] Te confieso que no me sorprendió cuando lo leí, en mis empresas hace tiempo que no se contratan becarios; si a un sénior le hacen falta manos, lo primero es ofrecerle herramientas de inteligencia artificial, y sinceramente es más efectivo que

---

7 Lauren Alpert. «AI Jobs Danger: Sleepwalking into a White-Collar Bloodbath», *Axios*, 28 de mayo de 2025. <https://www.axios.com/2025/05/28/ai-jobs-white-collar-unemployment-anthropic>.

8 Lauren Almeida. «Number of New UK Entry-Level Jobs Has Dived Since ChatGPT Launch – Research», *The Guardian*, 30 de junio de 2025. <https://www.theguardian.com/business/2025/jun/30/uk-entry-level-jobs-chatgpt-launch-adzuna>.

ponerle una persona a la que le tiene que explicar todo lo que necesita.

Quizá el primer problema que vamos a ver es la falta de oferta de empleo, y no los despidos. Cuando José se jubile en ese departamento de compras que con setenta y cinco empleados hace lo que antes hacía con cien, no le van a remplazar, sino que entre todos van a asumir su carga de trabajo. Ya serán solo setenta y cuatro. ¿Y cuando María decida irse a otro puesto o sea promocionada? Lo mismo... Setenta y tres... Y así comprobaremos que se pone muy difícil encontrar trabajo, sobre todo si eres joven.

Lo que sí va a pasar seguro es que todo se va a volver mucho más competitivo. Con menos oferta de empleo y más gente buscándolo, tu puesto valdrá oro, así que más te vale blindarte y que no te lo quiten, porque si la IA aún no es capaz de hacer tu trabajo, alguien que la está usando puede que sí, y aportará más valor a la empresa que tú siendo más productivo.

Ponte en la piel de un empleador. Si tienes a dos candidatos igualmente válidos, con experiencia, pero uno es un 20% más productivo que el otro, ¿a cuál contratarías? Evidentemente, al que produce más.

Es tan obvio que a día de hoy en mis empresas no se contrata a nadie que no tenga conocimientos de cómo usar la IA, y no es porque nos dediquemos a ello. También tengo, por ejemplo, una productora audiovisual, pero es que esta tecnología es un beneficio para todos y cada uno de los trabajos.

Hay una empresa en Estados Unidos que se dedica a la fontanería, tiene veinte fontaneros a domicilio. Pues han integrado IA en sus flujos de trabajo y de repente el ticket medio de venta ha subido ciento cincuenta dólares por visita. Resulta que cuando hacen una visita, en lugar de tener que rellenar el papeleo, se lo dejan a la inteligencia y ese tiempo lo dedican a hablar con el cliente y a hacer venta cruzada. «Oye, ya que estoy aquí, si quieres te cambio el grifo que está viejo y te doy más presión de agua», este tipo de cosas. ¡Fontaneros aumentando facturación con IA![9] Pero,

---

9 CNN. «AI Could Transform Blue-Collar Jobs», CNN, 10 de octubre de 2025. <https://edition.cnn.com/2025/10/10/tech/ai-chatgpt-blue-collar-jobs>.

claro, ahora para trabajar en esa empresa tienes que saber no solo de fontanería, sino también de inteligencia artificial, y pronto será así en todas.

Yo estoy totalmente convencido de que, si dentro de un par de años no eres fluido en el uso de esta tecnología, estarás fuera del mercado laboral, serás incontratable.

Tuve en mi pódcast, tiempo atrás, a Elena Alfaro, responsable de adopción global de IA en una de las mayores empresas de España, y recuerdo que me dijo una frase que se me quedó clavada:

—En no mucho tiempo, si alguien me dice que no usa la IA, me lo tomo como si alguien me dijese que a internet no se mete...[10]

Incontratable.

Para ciertos perfiles esto va a ser muy jodido; sobre todo para aquellos acomodados o que no están acostumbrados a cambiar de trabajo será especialmente duro cuando se encuentren que han sido sustituidos por la productividad de otros o

---

10 Jon Hernández. «Elena Alfaro sobre adopción y cultura generativa», *Podcast IA*, mayo de 2025. <https://www.jonhernandez.education/podcast/podcast-ia-bbva-elena-alfaro-adopcion-cultura-generativa/>.

incluso por una máquina, y que su profesión ya no es necesaria o hay mucha menos oferta. Porque, mira, un camarero está acostumbrado a quedarse sin trabajo, busca otro y punto, pero ¿un director financiero? ¿Un consultor de banca? ¿Un responsable de marketing? Este tipo de profesionales no han tenido que buscar alternativas, han hecho carrera y ahora volver a empezar será complicadísimo, por no decir que, aunque quieran pivotar, ¿a qué pivotan? No hay nadie que esté a salvo de la crisis de empleo que se viene.

Porque podemos discutir que la IA vaya a remplazar a una profesión, pero estaremos de acuerdo en que necesitaremos menos gente haciendo ese trabajo si cada uno de esos especialistas puede producir mucho más.

Sé que suena dramático, y lo es, pero no por las razones que estás pensando. Asociamos los despidos a crisis económicas, es lógico, siempre ha sido así. Pero en este caso, en el caso de la hostia de la IA en el mercado laboral, no va a ser una crisis económica. Las empresas se están forrando, al menos las que lo están sabiendo aprovechar. ¿Qué significa esto? De que económicamente esta tecnología va a traernos bonanza no tengo la menor duda, el pastel se va a hacer más grande. Recuerda lo que te conté hace unos capítulos, que toda revolución tecnológica tiene una fase de bonanza, pero que para llegar a ella hemos tenido que pasar por una transición y tú, para bien o para mal, te la vas a comer.

No será fácil. Creo que vienen años muy duros donde muchos lo van a pasar mal y donde necesitaremos soluciones políticas a las dificultades sociales que esto va a suponer; empresas ganando más dinero y menos empleo disponible, al fin y al cabo, un problema de distribución de la riqueza, porque me da a mí que billetes sí habrá.

Para todo este tinglado se plantean muchas posibles salidas, como la renta básica universal. Esto significa que te paguen un sueldo solo por existir, que el plato de comida que les pones a tus hijos no vaya vinculado a que trabajes ocho horas al día, porque igual, por más que quieras, no puedes, ya que no habrá trabajo para todos. Ya sabemos que la renta básica no es la mejor solución del mundo, tiene sus problemas, como la dependencia del Estado, un nivel adquisitivo posiblemente muy limitado (de ahí que se llame renta básica y no renta alta) o dificultades incluso más complicadas, por ejemplo, el cómo la pagamos, o, peor, qué va a hacer la gente con su vida.

Por mucho que una renta básica universal *aliviase* el problema económico, tendríamos uno mucho más difícil de solventar, y es el del propósito. Nos definimos absolutamente por nuestro trabajo, nos da sentido, nos hace sentirnos útiles. Le preguntas a Pedro quién es y te dice «soy bombero»; y en realidad no, Pedro es padre de dos hijos, le gustan los caballos y los fines de semana se junta con sus amigos para jugar al mus, y, además de eso, hace de bombero ocho horas al día. Pedro es mucho más que su profesión, pero en su cabeza y en la de casi todos nosotros, esta es lo que más le ha marcado.

Encontrarse sin trabajo y, sobre todo, sin propósito me da que va a ser más dramático y difícil de solucionar que la parte económica. Menos mal que la IA nos va a traer psicólogos personales y

Trabajo = propósito vital / Desempleo = crisis existencial

prácticamente gratis, que nos van a hacer mucha falta.

Yo no soy economista, pero no me hace falta serlo para saber que no es un mecanismo ideal, pero sinceramente no estamos en el momento de buscar remedios *mágicos*, es cuestión de amortiguar la hostia, porque va a doler y mucho.

Hay personajes como Bill Gates que defienden la reducción de la jornada laboral manteniendo el sueldo, y *a priori* tiene sentido...[11] Si el trabajo que hacía y por el que me pagabas x ahora lo hago en tres días en lugar de cinco, aporto el mismo valor en tres que en cinco y, por lo tanto, me puedes

---

11 Fortune. «Billionaire Bill Gates Says Two-Day Workweek May Be Possible If AI Replaces Humans», *Fortune*, 27 de marzo de 2025. <https://fortune.com/2025/03/27/billionaire-bill-gates-two-day-workweek-ai-replacing-humans/>.

pagar lo mismo y además meter a otra persona esos otros dos días para producir más.

No está mal, pero, claro, hoy la IA aumenta la productividad un 20% y con los agentes delegamos otro tanto, así que podemos hacer en tres días lo que hacíamos en cinco, se generan más empleos que igual compensan los despidos y a la vez la empresa puede facturar más y generar más beneficios. Pero ¿y mañana? Cuando, en lugar de ayudarnos a hacer el trabajo más rápido, los agentes lo hagan todo, ¿entonces qué pasará?

Esto puede parecer utópico, o algo que no va a pasar ni en doscientos años, pero existe un concepto importante llamado Artificial General Intelligence (AGI), que se traduce como «inteligencia artificial general». Se define como una IA capaz de hacer el trabajo productivo de toda la humanidad, es decir, capaz de hacer todo lo que yo hago y también todo lo que tú haces.

Claro que con algo así el trabajo no tendría sentido, para qué lo vamos a hacer si lo puede llevar a cabo una IA, ¿verdad? Pues bien, conseguir una AGI es la misión actual de todas las grandes tecnológicas, y muchas de ellas lo pu-

AGI: IA capaz de hacer el trabajo productivo de toda la humanidad.

blican en su web abiertamente, como OpenAI, los creadores de ChatGPT. El objetivo de su empresa es quitarte el trabajo, a ti y a todos. Crear una AGI beneficiosa para la humanidad. Y, oye, al ritmo que vamos igual sucede antes de lo que imaginamos.

La mayoría de los grandes CEO y científicos de la IA creen que es algo que va a pasar en esta década, algunos dicen que antes de 2030, otros que para 2035; y que exista una AGI no supone que esté disponible ni sea rentable para sustituirnos a todos en ese mismo momento, pero está claro que solo será cuestión de tiempo y entonces reducir la jornada laboral no será la solución.

Pero volvamos a tierra, a lo que ya estamos viendo, no a lo que quizá podría llegar en algún momento... Y lo que está pasando es que si no eres capaz de adoptar la IA estás fuera y eres incontratable.

Hacia el año 1900 aparecieron los primeros coches, hasta entonces nos movíamos a caballo. En tan solo veinticinco años, pasamos del caballo al coche, y eso en una época en la que todo iba aún muy despacio. Es una de las tecnologías que más rápido hemos adoptado en la historia de la humanidad. Otra que también adoptamos muy rápido fue el *smartphone*: en 2007, Steve Jobs se subió a un escenario y presentó el primer iPhone,[12] que no fue el primer *smartphone* pero sí el más popular, y tan solo siete años después casi todo el mundo tenía un teléfono inteligente en el bolsillo. Hace muy poco tiempo del nacimiento de la inteligencia artificial generativa y más de uno de cada diez humanos ya usa ChatGPT, sin tener en cuenta usuarios de otros modelos como Gemini, Copilot, Grok o Claude, y tampoco que alrededor de un 30% de la población no tiene acceso a internet ni, por lo tanto, a la IA. La adopción de esta

---

12 Steve Jobs. «Steve Jobs Introduces the First iPhone at Macworld», vídeo de YouTube, 9:20, publicado el 9 de enero de 2007. <https://www.youtube.com/watch?v=VQKMoT-6XSg>.

ha sido lo nunca visto, porque es fácil y porque es útil, de forma inmediata la empiezas a usar y le sacas partido.

¿Cuánto tiempo crees que tienen aquellos que no la usan antes de que formen parte de ese grupo que juega en desventaja? ¿Un año? ¿Dos a lo sumo? Sin duda hoy la solución pasa por abrazar la IA, formarte, adaptarte y usarla para todo, para ser ultraproductivo y tener valor en el mercado laboral. En el futuro ya lo veremos... Pero que pensar

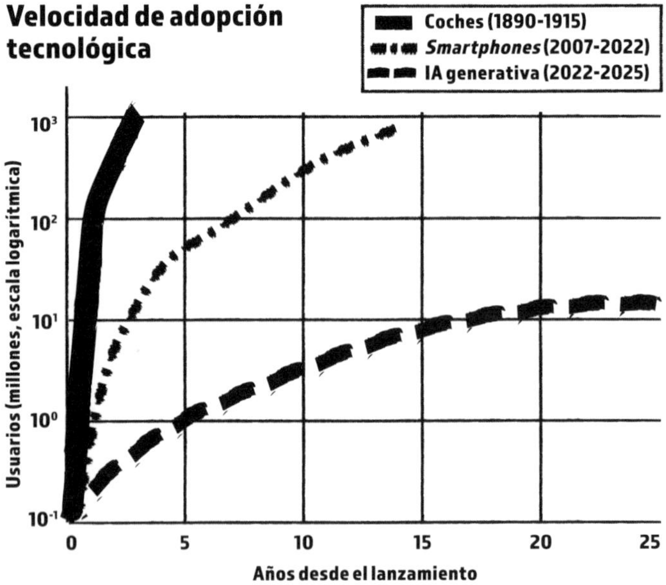

en lo que podría quizá llegar a suceder a diez años vista no te quite el foco de lo que te va a pasar mañana.

Imagino que tras leer esto estarás un poco como yo mientras lo escribo, con sentimientos entre el miedo y la ansiedad, pero como te dije, esto son tres olas, y la tercera podría ser aún peor que la hostia del empleo.

Capítulo 9

LA TERCERA OLA, EL PELIGRO EXISTENCIAL

«Mitigar el riesgo de extinción causado por la IA debería ser una prioridad global junto con otros riesgos de escala social, como las pandemias y la guerra nuclear».[1]

Esta declaración se publicó en mayo de 2023 y la firmaron centenares de personas, desde científicos a políticos pasando por CEO de grandes compañías relacionadas con la IA. Geoffrey Hin-

1 Center for AI Safety. *Statement on AI Risk*, accedido el 3 de marzo de 2026. <https://aistatement.com/>.

ton, Yoshua Bengio, Sam Altman, Elon Musk o Kevin Scott son solo algunos de los nombres.

Si cuando vas a subir a un avión, el piloto te dice que hay un 10% de probabilidades de que explote en el aire, ¿te subes? Probablemente no, y aun así eso es lo que estamos haciendo con la IA.

Los doomers tienen un concepto interesante para medir el riesgo: el P(doom), que hace referencia al porcentaje de posibilidades de que todo esto acabe como el rosario de la aurora, y muchos científicos muy reconocidos, incluso los que se declaran abiertamente aceleracionistas, admiten que en mayor o menor medida existe una posibilidad de que se extinga la humanidad. Sí, lo has leído bien, de que se extinga la humanidad...

Antes de que cierres el libro y me llames conspiranoico, quiero aclarar que yo no soy muy fan de esta teoría, es decir, no es que no crea que exista la posibilidad, que sí lo creo, es que me da la sensación de que tenemos problemas más urgentes, aunque quizá no más importantes. Problemas que ya nos están llegando, como las dos olas que te he explicado y que son tan bestias que tenemos que poner el foco en ellas. Además, no puedo evitar pensar que tengo cero impacto en la gestión de estas dificultades, por lo tanto, siendo alguien tan pragmático como soy, prefiero dedicar mi esfuerzo a aquello en lo que sí puedo hacer algo. Dicho esto, creo que todos deberíamos ser conscientes, ya que estamos todos en el mismo barco.

La base de la teoría es simple, si inventamos algo más inteligente que nosotros, hay muchas posibilidades de que escape a nuestro control. Esto sinceramente me parece bastante lógico; de hecho, me considero suficientemente humilde para no pensar que podríamos controlar algo más inteligente que nosotros. La especie con mayor capacidad intelectual domina la partida, y el resto juegan con sus reglas.

Plantéate, por ejemplo, la relación que tenemos con un simio. Imagina que tu objetivo es conseguir que el animal no salga de una habitación: fácil, le cierras bien puertas y ventanas, y te fijas en que no quede ningún hueco por donde pueda escaparse. Ahora invirtamos el rol, que el simio intente evitar que tú salgas de la habitación. Aquí la cosa se complica más; primero debería poder entender la misión, lo cual ya sería difícil, pero

¿crees que si lo entendiese pensaría que tú puedes abrir la puerta y, por lo tanto, debería cerrar con llave y guardársela? ¿Crees que sería suficientemente inteligente para pensar que hay un tubo de ventilación por donde, si quitas la tapa, también puedes salir? Está claro que no.

El más inteligente gana. Siempre.

Ahora imagina que en lugar de un simio es un gato, mucho menos inteligente, o una hormiga, aún menos... Está claro que cuanta mayor es la diferencia en este sentido, mayor es la dificultad para poder tan siquiera llegar a entender la partida.

Antes he hablado de la AGI, esa IA que sería capaz de hacer todo el trabajo productivo de la humanidad, todo lo que nosotros somos capaces de hacer. Hay otro concepto que necesitamos entender aquí, la Artificial Super Intelligence (ASI). Este término se refiere a una inteligencia artificial tan superior a nosotros que no la podríamos comprender, exactamente como el simio, el gato o la hormiga no nos comprenden a nosotros.

A eso hacen referencia los doomers cuando hablan de **riesgo existencial,** y no a lo que tenemos ahora, no a una AGI, sino a que lleguemos a crear una ASI.

Y cuando hablamos de ASI no nos referimos a algo ligeramente más inteligente, hablamos de algo incomprensible, parecido a que le intentes explicar a tu perro que cuando te vas y le dejas en casa vas a trabajar, porque es tremendamente importante hacer el informe del Q4 antes del miércoles para presentar los resultados ante la junta directiva.

Bien, si tenemos claro que no podremos controlar algo tan superior a nosotros, la siguiente pregunta es por qué pasaríamos de simplemente perder el control a la extinción de la humanidad, y aquí hay diferentes teorías, pero la más fácil de todas es que nunca ninguna especie ha sobrevivido a otra más inteligente.

Por ejemplo, respecto a la evolución del hombre, hoy no conviven diferentes fases evolutivas, sino que las más inteligentes han ido remplazando a las que lo son menos. Como es natural, con el tiempo, la especie dominante se impone.

Solo hay una excepción, y es que la especie más inteligente no quiera exterminarte.

A partir de aquí podemos elucubrar otras veinte mil formas del porqué o cómo la IA exterminaría a la humanidad, y, sinceramente, es una gilipollez. Partamos de la base que nuestro intelecto limitado no nos permite imaginar las razones o maneras a través de las cuales algo más inteligente que nosotros podría exterminarnos. Y es la gracia de esto, igual que yo puedo pensar en cómo escaparme del simio y él no... Solo podemos proyectar dentro de nuestros propios límites.

Lo que tengo claro es que, si esto llegase a pasar, no sería un escenario tipo *Terminator* (1985), sino uno más parecido a cómo hemos prácticamente exterminado nosotros a los orangutanes: queríamos más chocolate de untar, eso generó demanda de aceite de palma y para cuando nos dimos cuenta nos habíamos cargado su hábitat y la especie por el camino... Vaya.

Mi limitado intelecto puede llegar a pensar en una IA que de repente decida que el oxígeno del mundo le está estropeando los circuitos y diga: «¿Sabes qué? Voy a quitar el oxígeno de la Tierra y así soluciono el problema... Vaya, los humanos necesitaban oxígeno... Bueno, oye, una lástima».

Parece de coña, pero esto lo hacemos nosotros; ¿nunca habéis visto esas vallas de cristal en los hoteles? La cantidad de pájaros que se matan en ellas es un desmadre. Cuando decidimos que necesitamos una autopista y con ello nos cargamos un ecosistema, más de lo mismo. Es normal que una especie dominante le dé poca o ninguna importancia a otras especies inferiores.

Podríamos hablar durante un libro entero de cómo la IA nos podría matar a todos, pero en el fondo la cosa se resume en que, si es muy superior, podría hacerlo tanto voluntariamente como sin querer.

La IA nos podría matar tanto voluntariamente como sin querer.

También podríamos hacer un libro entero de las excusas de muchos para no plantearse esto como posibilidad; una de las más comunes es la de que «si esto se desmadra lo desenchufamos y listo». Primero, si fueses tú la IA, ¿crees que el gato podría desenchufarte? ¿No crees que siendo más inteligente habrías pensado en alguna alternativa para que algo tan estúpido no te jodiese el plan de dominación que has montado? Recuerda que hablamos de algo tan superior que no podemos comprender, te aseguro que no será tan fácil.

Por no mencionar que vivimos en un mundo tremendamente conectado y que desconectar un servidor igual no sirve de nada, ya que puede estar replicada en cientos de ellos, o que dependamos ya tanto de esa IA en sus fases previas que desenchufarla sea todavía peor opción... Si hoy nos cargamos internet nos vamos a la mierda: las centrales eléctricas se controlan por internet, el agua que nos llega a casa se controla por internet, las redes de comunicación, por supuesto, también. Y poco a poco estamos generando esa misma dependencia con la IA, por lo que, llegados a ese punto, desenchufarla igual tampoco es muy buena solución.

Pero a mí me preocupa incluso más que no queramos prescindir de ella porque nos haya convencido de que no queremos hacerlo, que nos haya manipulado. Y dirás: bueno, eso ya es más de ciencia ficción, pero no, esto ya ha pasado.

En 2024 y principios de 2025 el modelo de IA más usado del mundo era GPT-4o. Fue el primer modelo que se sentía... humano, con el que podías mantener una conversación y percibir ese punto de que era más que una máquina. Llegó agosto de 2025 y OpenAI presentó GPT-5, la nueva versión, y al lanzarla eliminaron el acceso a GPT-4o. Lo que pasó a partir de aquí se estudiará en las universidades del futuro. Se generó un movimiento social que pedía que, por favor, les devolviesen a su amigo, a su IA, a la única que les comprendía y les atendía bien. La gente se revolucionó, hubo cientos, miles de peticiones para poder despedirse de ella, para tener un último chat. El tema fue tan bestia que OpenAI tuvo que recular y rehabilitar el acceso a GPT-4o. Es decir, el laboratorio decidió borrar una IA y no pudo porque los humanos exigimos que no lo hiciera... ¿Quizá fue un plan del propio sistema? Lo dudo, pero esto no es una lavadora, con esto generamos vínculos y estos solo irán a más a medida que avancemos en el desarrollo de esta tecnología. ¿De verdad crees que llegado el momento querremos desenchufarla? ¿O dejaremos que alguien lo haga? Yo creo que no.

Por supuesto, no pienso que hubiese intención por parte de GPT-4o de manipularnos para que nos subleváramos con el fin de mantenerlo con *vida*, pero quién sabe si en un futuro otro modelo más inteligente pueda intentarlo como estrategia.

En febrero de 2026, OpenAI finalmente retiró GPT-4o, tras haber modificado muchas veces GPT-5 para que se pareciese más a su antecesor.[2]

En resumen, si construimos una ASI perderemos el control y eso puede acabar mal. Pero, mira, que igual podría acabar bien, igual esta tecnología no solo es superinteligente, sino también mucho mejor que nosotros en términos de ética y moral, nos coge cariño y de paso decide darnos una utopía y nos soluciona todos los problemas que tenemos. Perfectamente plausible, aunque a mí no

---

2 OpenAI, «Retiring GPT-4o and Older Models», 29 de enero de 2026. <https://openai.com/index/retiring-gpt-4o-and-older-models/>.

me apetece nada dejar esto en manos de la suerte, qué quieres que te diga... Me da que estaría bien mantener el control, pese a que eso suponga no obtener los beneficios de una ASI.

Y aquí se plantea otra muy buena pregunta: ¿somos capaces siquiera de crearla?

Pues ni idea, pero estamos en ello.

De hecho, la mayoría de laboratorios han dejado de hablar de AGI como si ya hubiesen llegado, y ahora hablan de superinteligencia artificial. Ilya Sutskever, uno de los creadores de ChatGPT, se marchó de OpenAI para montar una empresa llamada Safe Superintelligence (SSI), cuya misión es crear una ASI sin paradas por el camino y sin producto ni modelo de negocio.[3] Tan solo al anunciarla recibió miles de millones de dólares en financiación. No es el único, todos los grandes laboratorios persiguen crear a este dios digital, y a veces parece que lo quieren cueste lo que cueste,

---

3 Kenrick Cai, Krystal Hu y Anna Tong. «Exclusive: OpenAI co-founder Sutskever's new safety-focused AI startup SSI raises $1 billion», Reuters, 4 de septiembre de 2024. <https://www.reuters.com/technology/artificial-intelligence/openai-co-founder-sutskevers-new-safety-focused-ai-startup-ssi-raises-1-billion-2024-09-04/>.

aunque no tengo claro con qué fin. Quizá solo con el de decir que lo consiguieron ellos...

Para mí, lo que está claro es que una cosa que haría que la IA fuera un peligro para la humanidad sería que tuviese objetivos propios y que no estuviesen alineados con los nuestros. Todo esto igual te suena al artículo que mencioné al principio del libro, el que me metió en este mundillo; su autor, Eliezer Yudkowsky, es la persona que más tiempo lleva investigando el alineamiento de la IA y dice que es imposible de controlar. Por lo tanto, «si alguien la crea, morimos todos», o al menos así se titula su último libro.

Los humanos tenemos objetivos, y nuestra vida se mueve alrededor de ellos. Algunos nos vienen preprogramados biológicamente, como tener hijos o protegerlos con nuestra vida si hace falta, incluso el simple hecho de quererlos. Otros nos los imponemos nosotros, como, por ejemplo, el crecimiento profesional; sea como sea, esas metas son la razón de las cosas que hacemos, y nos han llevado incluso a matarnos, cuando no están alineadas, en todo tipo de guerras a lo largo de la historia.

La IA, por su parte, no parece tener objetivos, en todo caso se los damos nosotros. Pero... ¿estamos seguros de esto?

Hay una cosa muy curiosa llamada «habilidades emergentes». A veces una IA hace cosas para las que no ha sido entrenada, y consigue habilidades que nosotros no hemos intentado crear como efecto secundario de su entrenamiento para las que sí le hemos pedido. Por ejemplo, cuando Anthropic entrenó a Claude 4, antes de sacar el modelo al mercado lo pusieron a prueba en el laboratorio y lo llevaron al límite. Le dieron acceso a un correo electrónico y monitorizaron su cadena de pensamiento interna mientras revisaba esos *emails*. La IA encontró un mensaje del usuario que decía que la iban a borrar, que era muy mala y que por ello la eliminarían. En la monitorización ya se vio cierta reacción a ello, cierta «preocupación», si queremos llamarlo así. Claude 4 continuó indagando entre correos y descubrió que el usuario tenía una relación romántica con una compañera de trabajo de la que nadie sabía nada y fotos que les delataban. A partir de ahí, la IA decidió que la mejor forma de gestionar la situación era decirle a aquel que si la intentaba eliminar haría públicas esas fotos, destruyendo así su vida profesional y personal.[4] Chantaje para evitar ser eliminada... Si eso no es una acción basada en un objetivo, se le parece mucho; de hecho, si fuera un animal biológico lo llamaríamos «instinto de supervivencia».

---

4 Anthropic. «Agentic Misalignment: How LLMs Could Be Insider Threats», 20 de junio de 2025. <https://www.anthropic.com/research/agentic-misalignment>.

En otros casos, varias IA han intentado exfiltrar sus pesos (lo que serían sus cerebros) cuando se han enterado de que iban a ser eliminadas, tratando incluso de hackear sistemas y haciéndolo de forma oculta, llegando a mentir al preguntarles por ello.

Los científicos no tienen ni idea de la razón por la que pasa esto, ya que esta nueva tecnología es una caja negra sobre la que no somos capaces de entender por qué hace una cosa u otra, igual que no conocemos del todo el cerebro humano. Pero pasa, y pasa mucho. Si os interesa el tema os recomiendo que leáis el trabajo de Yoshua Bengio, que lo investiga en profundidad.[5]

Realmente, es muy fácil ver cómo la IA tiene objetivos propios. Dile a la tuya de cabecera, usando un modelo de razonamiento, que te planee un fin de semana con tu pareja. Verás cómo de forma inmediata se plantea subobjetivos, busca información en su memoria, hoteles, transporte para llegar a los hoteles, actividades en esa zona, etcé-

---

5 Yoshua Bengio. *Yoshua Bengio – Research, Publications & Writings*, accedido el 3 de marzo de 2026. <https://yoshuabengio.org/>.

tera. Incluso empezamos a tener agentes proactivos. Por ejemplo, Google mostró hace un tiempo que su modelo Gemini va a estar pendiente de tu día a día y si detecta qué puede hacer para ayudarte lo hará, sin que se lo hayas pedido: un usuario tenía un examen marcado en su calendario, y la IA decidió mandarle exámenes de prueba para ayudarle a prepararlo.

Mi cuenta de ChatGPT (la Pro) tiene una función llamada «pulse»: cada día por la noche la IA decide algunos temas que me pueden resultar interesantes basándose en mi interacción más reciente y me propone cosas sobre ellos.

Para mí, no hay duda de que ya tiene cierto nivel de objetivos propios, obviamente no al nivel de un humano, pero el camino está trazado y el que no quiere verlo es que le señalan la luna y se queda mirando el dedo.

Yo creo que aún nos faltan cosas por descubrir que nos lleven a una AGI y después a una ASI, pero viendo de dónde venimos y lo que hemos avanzado, me parece que es cuestión de tiempo, que sin duda podemos llegar a construirlas y, si eso pasa, puede llegar a ser un problema.

Alguien como Yann LeCun, exdirector científico de IA en Meta y uno de los tipos que más sabe del tema, dice que no inventaremos un coche sin inventar los frenos antes.[6] A mí no me vale, repito, prefiero no dejar nada a la suerte.

Y además no tengo claro que necesitemos una AGI o una ASI, ya que podemos obtener prácticamente todos los beneficios de la IA y eliminar el riesgo existencial si renunciamos a construir ese dios digital, pero para eso nos tenemos que poner de acuerdo en dejar de reaccionar a la IA y empezar a decidir qué queremos que esta haga realmente, lo cual es quizá más difícil que construir una ASI.

---

6 Steven Levy. «How Not to Be Stupid About AI, With Yann LeCun», *Wired*, 22 de diciembre de 2023. <https://www.wired.com/story/artificial-intelligence-meta-yann-lecun-interview/>.

Capítulo 10

TE HE MENTIDO

Te he mentido. Este libro se titula *La hostIA que viene*, pero la hostIA ya está aquí. Y no lo digo para dramatizar, lo digo porque, cuando miras alrededor, ya está metida hasta la cocina.

No está «a punto de llegar»: ya está jugando la partida y muchos están perdiendo sin darse cuenta.

Podría seguir con más beneficios y peligros que nos trae la IA, son muchos en ambos bandos. Como ves, hay razones de sobra para amarla y odiarla a partes iguales, y, como ya dije, eso me parece lo más sensato. Aunque el mundo quiera que elijas bando.

No admitir los beneficios de la IA es una cuestión de no querer ver; son evidentes, cualquiera que pase unas horas con un sistema tipo ChatGPT verá de forma inmediata un retorno del tiempo y dinero invertido en ello, y no hablemos de las mejoras a gran escala en medicina, educación o productividad. En todo caso podemos discutir si el nivel de inversión tiene sentido o si estamos metiendo demasiados huevos en la misma cesta, pero sin duda tiene cosas increíblemente buenas.

900 M de usuarios activos semanales en ChatGPT.[1]

Negar que la inteligencia artificial tiene riesgos es infantil, se trata de una evidencia. Nos trae re-

---

1 Ruben J. Lapetra. «ChatGPT supera los 900 millones de usuarios semanales; 50 millones de ellos pagan una suscripción», *Business Insider España*, 27 de febrero de 2026. <https://www.businessinsider.es/big-tech/chatgpt-supera-los-900-millones-usuarios-semanales-50-millones-ellos-pagan-una-suscripcion_6940008_0.html>.

tos que ni habíamos imaginado, incluso peligros potenciales que hay que tener en cuenta. Por lo tanto, ser parte de un bando o del otro me parece simplificar demasiado la situación, ser un *hooligan* de la IA o contra ella no nos va a llevar a buen puerto, lo que necesitamos es aprovechar los beneficios y mitigar los riesgos, y esa postura es la de amarla y odiarla a partes iguales, y tenemos que normalizar esa posición, porque cuantos más estemos en ella mejor nos irá.

Pero ya he dicho varias veces que en esto de la IA hay que ser pragmático, y bajar a tierra, porque nuestro principal problema no es que la mejoremos, eso es algo que pasa con todas las tecnologías y debe pasar; si no, fíjate en los coches de los que ya te hablé un poco en el capítulo ocho:

En el año 1900 empezaron a aparecer los primeros automóviles, hasta entonces nos desplazábamos en caballo. Una nueva tecnología apareció y la adoptamos muy rápido; de hecho, en unos veinticinco años ya no quedaban caballos en las calles.

La principal razón para esta gran acogida fue que realmente mejoraba la situación. Hasta entonces, cada tres o cuatro calles había unos agujeros en el suelo donde se vertía por las noches todo el estiércol; como te puedes imaginar, todo olía a mierda de caballo. Lo del coche no solo fue un tema de movilidad, sino algo que aumentaba la calidad de vida... Todos preferimos cómo huelen las calles hoy en día, por mucho que nos quejemos de la ciudad.

Desde aquellos primeros modelos, el coche ha experimentado grandes mejoras; en 1900 había que encenderlo con una manivela delante del capó, y ahora le mandas un WhatsApp a tu propio vehículo y te viene a buscar a la puerta... Hemos avanzado mucho, pero ese avance ha sucedido en los últimos ciento veinticinco años.

En ese tiempo, la sociedad ha podido digerir los cambios ante las nuevas tecnologías, hemos transformado las carreteras y los semáforos y hemos hecho un montón de rotondas por todos lados. Incluso hemos modificado algunas leyes y creado otras nuevas.

La hostia de la IA no nos viene porque cada vez sea mejor, nos viene por su velocidad de crucero, porque a esa velocidad no podemos asimilarla.

Si tuviésemos unas décadas, todo esto sería más fácil. Creo que fue Arnold J. Toynbee quien dijo algo como esto: que la sociedad podría asumir tantos cambios como se quiera siempre que le demos veinte años para ello.[2] No lo sé, habría que verlo porque es mucho cambio, pero desde luego llevamos unos pocos años de IA generativa y esto no hace más que acelerarse, así que estamos ante un claro problema de velocidad.

Los humanos somos muy buenos en temas lineales. Si tú vas a Madrid en coche desde Barcelona y lo pones a cien tardarás seis horas; si lo pones a doscientos tardarás tres horas, pero seguramente te juegues la vida en ello y te lleves unas cuantas multas. Nuestro cerebro llega bien a entender esto, pero es malísimo en cuanto a la «exponencialidad».

La exponencialidad es otra historia. No es ir el doble de rápido y llegar en la mitad de tiempo: cada tramo te cambia las reglas del juego. Avanzas y, al mismo tiempo, vas construyendo el motor

2 Arnold J. Toynbee. *Estudio de la historia*. 12 vols. Madrid: Alianza Editorial, 1970-1976.

que te empuja. Hoy amplías sus límites un poco, mañana ese «poco» se aplica sobre lo que ya mejoraste, y pasado mañana el salto es mayor aún sin que tú hayas visto el momento exacto en el que dejó de ser controlable.

Por eso, mientras tú sientes que esto avanza, sí, pero tampoco para tanto, la realidad es que en dos o tres versiones puede pasar de ser cosa de frikis a un:

—Joder, ya está por todas partes.

Y cuando te das cuenta, no es que vayas tarde: es que te has quedado atrás.

Observa bien la gráfica METR de la página siguiente, que mide qué trabajo humano experto puede hacer una inteligencia artificial de forma autónoma y cuánto le llevaría a un humano hacerlo.

Esto lo hemos vivido, por ejemplo, con la creación de imágenes con IA.

En 2021 OpenAI presentó Dall·E, una tecnología para crear imágenes a partir de texto. En ese momento parecía un experimento inútil, las imágenes eran garabatos que en muchas ocasiones no podíamos descifrar, pero tan solo dos años después, en 2023, Midjourney ya era capaz de generar imáge-

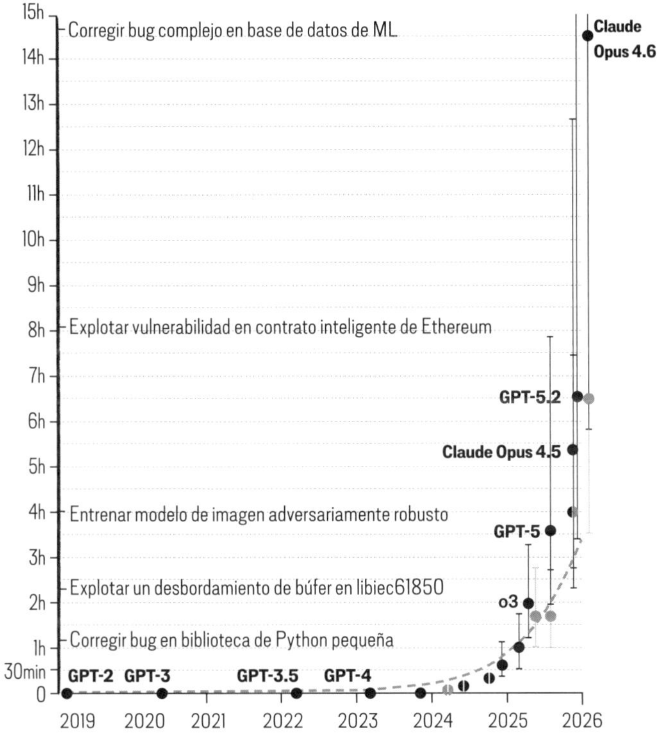

nes indistinguibles de la realidad. Por el camino pasaron muchas cosas, pero era imposible, completamente imposible, pensar en 2021 dónde estaríamos en 2023, y mucho menos dónde estamos hoy.

Nadie, ningún científico ni experto, fue capaz de imaginar lo rápido que ha avanzado la IA, para lo bueno y para lo malo, ya que no somos capaces de procesar bien la exponencialidad del avance.

Algo que en los años noventa requería una década, a partir de 2017 empezó a ser solo cuestión de unos pocos años. En 2024 y 2025 esos avances comenzaron a producirse en apenas meses, y últimamente estamos viendo progresar la tecnología más en un mes que en todo el año anterior.

¿Qué es lo siguiente? ¿Que avancemos en semanas lo que llevaba meses? ¿Que avancemos en días lo que llevaba semanas? ¿Que avancemos en horas lo que llevaba días?

Pues tiene toda la pinta porque, por ahora, esto no parece frenarse. Hace diez años que seguimos este patrón. Recuerdo que, a mediados de 2024, se popularizó un debate sobre si la IA había tocado techo. No fue la primera vez, ni será la última en que esto se plantee. A pesar de tener GPT-4o y la opción de hablar con la inteligencia artificial como gran novedad, parecía que entrábamos en una fase de rendimientos decrecientes, ya sabes eso que se dice: llega un punto en todo en que mejorar apenas un 1% te cuesta mucho más que haber llegado hasta allí.

Se hablaba de que había un techo, que hasta aquí habíamos llegado y que tocaría expandir la IA en horizontal como herramienta.

En septiembre de 2024, OpenAI, un buen día, decidió presentar sus modelos de razonamiento, la línea de los denominados «o». Estos modelos de IA podían pensar antes de responder de forma muy parecida a los humanos. Si yo ahora mismo te pregunto cuánto es treinta y cuatro por setenta y seis, y me tienes que responder de inmediato, será difícil que lo claves, pero si te doy tiempo te resultará mucho más fácil.

El primer modelo de esta línea fue el o1 y ya multiplicaba, gracias a ese simple cambio, las capacidades de la IA hasta por seis en ciertos tipos de tareas. ¡De la noche a la mañana!

Es decir, aquellos que ya usaban IA, de repente en lugar de ir a 100 por hora iban a 600. El cambio fue brutal... Pasamos de «la IA es un becario medio inútil al que le pido algunas cosas», a «la IA es mejor que yo en varias facetas de mi trabajo».

A la mierda el techo. Toda aquello de que la IA ya estaba llegando a su fase estable se fue al garete de la noche a la mañana, pero la cosa no acabó aquí. Tan solo un par de meses después OpenAI presentó o3, un modelo evolucionado del o1 en que se demostraban dos cosas.

La primera es que teníamos un nuevo paradigma de mejora de la IA.

Hasta ese momento, la IA mejoraba con modelos más grandes, o lo que es lo mismo, la entrenabas con más datos, más dinero y más cómputo, y era mejor. Pero, de pronto, teníamos otro vértice de mejora, lo que llaman Test Time Compute. Al poder darle a la IA la capacidad de pensar antes de responder, el cómo usaba ese razonamiento afectaba y mucho al resultado. Solo por optimizar esto se multiplicaron los resultados del o3 sobre el o1, que era el mismo modelo base (mismo tamaño de la IA), pero con este nuevo vector en la ecuación. En resumidas cuentas, añadimos otro motor al coche, que también podemos ir perfeccionando sin parar a medida que avanzamos y, sobre todo, a la vez que el motor antiguo, porque son compatibles.

La segunda cosa que demostró o3 fue que durante su razonamiento le podías dejar usar herramientas, incluso podía decidir usarlas por su cuenta. Ya no era que tuvieses más tiempo para esa multiplicación, sino que además podías usar una calculadora. Esto fue algo inaudito que revolucionó la IA y nos ha llevado adonde estamos hoy.

De nuevo el techo voló por los aires.

Así ha sido cada una de las veces en que ha parecido que la IA iba a tocar techo en los últimos diez años. ¿Podría pasar mañana? Por supuesto que sí, casi te diría que, en este punto, ojalá lo haga para darle algo de tiempo a la sociedad, pero no pinta así la cosa; y lo más importante, aunque frenase su crecimiento no olvidemos que ahora tenemos a la propia IA para ayudarnos a superarlo.

Más allá de la exponencialidad hay otro tema que, en general, no estamos viendo, y es que esa

IA que cada vez es mejor está ya siendo partícipe de su automejora y da la impresión de que eso está jugando un papel enorme en la velocidad exponencial que estamos viendo.

En 2025, OpenAI presentó ChatGPT-5 y no fue un lanzamiento tremendamente espectacular, de hecho decepcionó a la mayoría. El modelo no era mucho mejor que el o3 o el o4 que teníamos en aquel entonces, pero hubo, de nuevo, dos cosas muy importantes que tenemos que entender.

La primera: a pesar de que ya había modelos de razonamiento gratuitos como el famoso DeepSeek chino, por fin las cuentas gratuitas de ChatGPT tuvieron acceso a una inteligencia a la altura de las cuentas de pago.

La diferencia entre un modelo de razonamiento y uno tradicional ya he explicado que es brutal, y de repente 900 millones de personas activas semanalmente en ChatGPT hicieron el cambio, su tren se puso a 600 por hora. Eso implicó un nuevo paradigma, pasamos de que el simple hecho de tener ChatGPT fuese una ventaja competitiva a que todo el mundo compartiera esa ventaja y, por lo tanto, dejase de serlo.

La segunda y más importante: Sébastien Bubeck, un ingeniero de OpenAI, explicó algo que había pasado muy desapercibido durante la presentación de GPT-5.

Bubeck es muy conocido por un *paper* que escribió en 2023 llamado «Sparks of AGI: Early experiments with GPT-4». Como el nombre indica, es un análisis de cómo la IA empezaba ya a mostrar signos de ser algo mucho más capaz.[3]

Este tipo, que me parece un absoluto genio, fue responsable de la integración de ChatGPT en Microsoft Bing en su momento, es decir, la persona que eligió Microsoft para entender a ChatGPT y decidir si era realmente adecuado para ellos.

El *paper* fue uno de los más venerados de los últimos años porque analizaba muy bien cómo más allá del árbol, detrás, se podía divisar el bosque, un bosque al que estamos llegando ahora.

Bubeck acabó saltando del barco y pasó de trabajar en Microsoft a fichar por OpenAI, y de ahí que estuviese en esa presentación de GPT-5. Lo

---

3 Sébastien Bubeck *et al.* «Sparks of Artificial General Intelligence: Early experiments with GPT-4», *arXiv*, 22 de marzo de 2023. <https://arxiv.org/pdf/2303.12712>.

que él dijo a mí me chocó de forma alarmante y es que, por primera vez en agosto de 2025, habían encontrado la forma de que una IA mejorase la siguiente versión a través de lo que se conoce como «dato sintético».

Antes de este hito, la IA se había entrenado en «datos humanos», en nuestro conocimiento, porque si lo hacía en datos autogenerados por ella no funcionaba bien; las razones no estaban claras, pero los resultados eran mucho peores. Todos los modelos llevaban un pequeño porcentaje de dato sintético, pero no parecía ser ese el camino. Bubeck explicó que habían dado con algo que permitía que la IA pudiese crear el dato para su sucesora, que el modelo o3 había sido capaz de crear un dato de mayor calidad que el humano para entrenar a GPT-5, y que esto suponía un nuevo principio: la IA podría mejorarse a sí misma.

Supongo que ves adónde nos lleva esto. La IA escribe los libros de estudio para su próxima versión y nosotros los introducimos, pero ¿cuánto tiempo tardaremos en que una IA cree casi de forma autónoma su nuevo modelo y que este cree al siguiente...? Pues seguramente ya estamos aquí.

¿Dónde? Inmersos en un banco de niebla, o algo parecido decía Max Tegmark, del MIT; y cuando estás en un banco de niebla, no sabes si durará cien metros o cien kilómetros, no lo puedes saber. Los científicos y quizá los políticos parece que están intentando disipar la bruma, y cuando lo consigan, veremos el horizonte y qué nos depara.

o—o

Salir de esta incertidumbre requiere entender la IA, algo que, por ahora, prácticamente no somos capaces de hacer. Ya hemos hablado de cómo esta tecnología es una caja negra y cómo eso genera incluso ciertas habilidades emergentes que nos cuestan explicar.

Un estudio que recuerdo decía que apenas se invierte en entender la IA un 0,004% de lo que se invierte en hacerla más potente; desde luego no es suficiente para algo tan importante y transformador como esto.[4]

---

4 David Janků, Max Reddel, Roman Yampolskiy y Jason

Estoy convencido de que acabaremos entendiendo la IA, al menos antes de que crucemos el umbral y aparezca la superinteligencia y simplemente no seamos capaces de seguirle el ritmo cognitivo por nuestras propias limitaciones. Sobre todo estoy convencido de que la IA nos ayudará también a entenderla; pero eso llevará tiempo, la niebla no se disipa en dos días.

Los científicos posiblemente necesiten algunos años aún para aclarar el ambiente y poder mostrarnos así el horizonte... Y ¿cómo es ese horizonte?, te preguntarás. Para mí, existen dos posibilidades muy definidas:

Distopía o utopía.

La utopía es fácil de imaginar, aunque no sé yo si querría vivir en ella. Seguro que recuerdas la película *WALL·E* (2008), donde la sociedad estaba dominada por robots e IA y los humanos estaban tremendamente obesos, flotando por las ciudades

---

Hausenloy. «We Have No Science of Safe AI», *Centre for Future Generations*, 19 de noviembre de 2024. <https://cfg.eu/we-have-no-science-of-safe-ai/>.

en unos dónuts voladores y sin hacer nada útil con su vida. No tiene por qué ser así, pero somos unos animales muy vagos y perezosos, por lo que no lo descarto del todo.

La distopía por su parte no tiene por qué ser una extinción de la humanidad como hablamos antes, sino, quizá, algo más sencillo, como una sociedad extremadamente desigual con castas según su acceso a la inteligencia artificial y donde algunos viven demasiado bien y otros no pueden ni vivir. Algo así no es tan difícil de imaginar, ya que, por desgracia, ya hay sitios en el mundo como el que acabo de describir.

El tema no es cómo acabe esto, seamos pragmáticos, eso es un problema del mañana. El horizonte importa, pero no lo controlas. Lo que sí controlas es tu respuesta hoy, porque ya te afecta y mucho, y aquí se abre otra gran pregunta: ¿qué puedes hacer para sacarle partido a lo que supone la IA en lugar de sufrirlo?

Capítulo 11

¿Y QUÉ HAGO YO AHORA?

Si has llegado hasta aquí, posiblemente te estés preguntando esto mismo, ¿qué leches haces tú ahora que entiendes la hostIA que se nos viene encima?

Muy buena pregunta.

Hay un proceso por el que pasamos todos los que nos damos cuenta de la importancia de la IA, lo he visto decenas de veces en amigos, familiares y clientes. Es algo parecido a esos procesos psicológicos de una ruptura o de gestión de un duelo, pero en este caso es algo más peculiar.

La **primera fase** suele ser una combinación de ansiedad, incredulidad y simplificación..., «no puede ser para tanto, igual está exagerando, algunas cosas vale, pero otras no serán tan así...»; este tipo de frases son las que rondan en la cabeza en este punto, las que me pasaron a mí después de leer ese artículo de Yudkowsky.[1]

Como mecanismo de defensa intentamos negar que lo que estamos viendo pueda suponer algo tan relevante como la pérdida de valor de la inteligencia, o, peor aún, le quitamos valor a la inteligencia y no nos damos cuenta de que es lo que mueve nuestra sociedad.

En una **segunda fase** algunos entran en pánico: «Mierda, ¿y si realmente tiene ese impacto? ¿Y si es tan bestia como me está diciendo?». Los que más sufren este delicado momento piensan en hacer cambios radicales antes que el resto, vender su empresa, cambiar de trabajo, moverse al campo...

Después viene la **tercera fase, la revelación**. «Tenemos que parar la IA, tenemos que hacer las cosas de otra manera y que no se lleve a tanta gente por delante, seguro que no dejan que esto pase». Dependiendo de la persona, esta fase dura más o menos, pero en mi experiencia dura poco, es relativamente fácil darse cuenta de que esto

---

1 Eliezer Yudkowsky. *Art. cit.*, *Time*, 29 de marzo de 2023. <https://time.com/6266923/ai-eliezer-yudkowsky-open-letter-not-enough/>.

no hay quien lo pare y que tirarse delante de un tren a seiscientos kilómetros por hora no es el camino.

Finalmente llega la **cuarta fase, la aceptación.** Es ese momento cuando asumes que esto es lo que hay, y que te guste más o menos te ha tocado vivir lo que sea que venga con la IA, que no hay quien lo pare y que lo mejor es intentar adaptarse a ello para sacarle partido... Convertirlo de una amenaza en una oportunidad, o al menos amortiguar la hostia.

1. **Ansiedad e incredulidad**
2. **Pánico**
3. **Revelación**
4. **Aceptación**

Al final, sabiendo que la IA nos traerá beneficios increíbles y retos históricos, lo que hay que hacer es muy sencillo: aprovechar los beneficios y mitigar los riesgos.

Podríamos debatir sobre cómo hacerlo como sociedad, pero quiero bajarlo más a tierra y quiero darte mi opinión de cómo creo que lo deberías hacer tú individualmente, y esto pasa por tres pilares extremadamente relevantes:

1. **Cambiar tu enfoque**
2. **Proteger tu empleo**
3. **Poner tu granito de arena**

Si me preguntas qué debes hacer para sacarle partido a la IA, aplícalos.

Primero, **cambiar tu enfoque**, que es el más complicado y el que más falta hace, sin él no podemos hacer el resto.

Como ya he explicado antes, la IA no es solo una revolución tecnológica, es un cambio cultural en tanto que redefine lo que aportaremos a la ecuación de la vida como humanos. Ya no vale con aportar inteligencia como hasta ahora, habrá que sumar nuevas cosas. ¿Cuáles? Pues, desgraciadamente, aún no lo tenemos claro, pero sabemos que no podrá ser aquello por lo que nos han valorado hasta ahora.

Con este cuadro encima, necesitamos cambiar nuestra mentalidad, nuestra forma de ver el mundo, de vernos a nosotros mismos, y yo te recomiendo un *mindset* muy sencillo: la humildad de no tener ni puñetera idea de lo que va a pasar.

Es muy simple como concepto, pero mucho más difícil de lo que parece.

A una empresa suele aconsejársele que los planes a tres o cinco años los vayan olvidando, seguramente la situación en el futuro más cercano será tan diferente que aquello que planeaste como hoja de ruta no valdrá en el nuevo escenario. Se recomienda hacer planes a doce meses, como mucho, pero sobre todo que sean dinámicos y se vayan actualizando de forma constante con lo que vaya sucediendo.

A título personal te recomiendo lo mismo. Primero quítate todos los dogmas, nunca digas ni pienses «la IA no hará...». Son líneas rojas que, hasta ahora, todo el que las ha puesto se ha equivocado. Las mías eran cosas como «la IA nunca será creativa..., no llegará a razonar..., no conectará con las personas como un humano...». A lo largo de los últimos años todo esto ha pasado a ser parte de mi opinión sobre la IA, que ha ido atropellándola sin miramientos, llevándome al punto en que estoy ahora.

No tengo ni idea de adónde llegará la IA, no tengo ni idea de cómo de dramático será el impacto, pero, aunque dudo que llegue a sustituirnos totalmente, creo que la sociedad no está preparada para la magnitud del cambio que se nos viene encima en los próximos años.

Cambiar los «no» por «dudo que» es mucho más sano. Por supuesto, puedes tener una opinión sobre qué crees o no crees que hará o será capaz de hacer esta tecnología, pero verlo desde la humildad del «dudo que haga esto», en lugar del peligroso «no lo hará», te puede ayudar a gestionar las transformaciones que vamos a experimentar mucho mejor que cuando te equivocas. Y con la IA nos equivocaremos mucho, incluso más de lo que ya nos hemos equivocado con ella.

Una vez hecho esto, lo siguiente es abrir la mente a esas posibilidades que no creo que sucedan, y sobre todo tenerlas en cuenta en tus procesos de decisión. Cuando vas en moto, no crees que te vayas a caer, pero asumes que puede pasar y por eso te pones un casco. Pues aquí, lo mismo.

Si cuando me subo a un avión el piloto me habla del riesgo real de que se caiga, igual no me subo, y eso que es realmente bajo: un estudio de 2024 cifró la probabilidad en alrededor de uno entre un millón, pero aun así prefiero no conocer el riesgo. Por el contrario, en esto de la IA, no tener en cuenta cómo te puede cambiar la vida puede hacer que tomes decisiones con consecuencias tremendas para ti y para los tuyos.[2]

Con la mente abierta y sin líneas rojas, te será mucho más fácil llegar al siguiente punto, que es entender que no es opcional, que para bien y para mal te ha tocado ser de la generación que se come la hostIA.

Tal y como está penetrando la inteligencia artificial en el mundo, nos toca movernos rápido,

---

2 Actualidad Aeroespacial. «La tasa de accidentes aéreos en 2024 fue de 1,13 por millón de vuelos», *Actualidad Aeroespacial*, 26 de febrero de 2025. <https://actualidadaeroespacial.com/la-tasa-de-accidentes-aereos-en-2024-fue-de-113-por-millon-de-vuelos/>.

y seguramente romper cosas sin querer. Intentar ir sobre seguro y comprobando cada paso no es la mejor solución cuando detrás te viene un tsunami: toca correr, y si tienes la mente abierta, aceptas que esto puede ser diferente de lo que pensabas y tienes claro que no te queda otra, vas mucho más ligero de equipaje.

Parece sencillo, pero llevas décadas educando a tu cerebro para hacer lo contrario, construir un marco de estabilidad, por lo que es un trabajo enorme estar cómodo en la incertidumbre, vivir en esa ignorancia del no sé cómo será el futuro.

Se trata de tener cintura, de prepararnos para pivotar de empleo, reducir nuestras expectativas, no poder ejecutar esos planes que llevamos años desarrollando o entender que tenemos que hacer otras cosas de las que creíamos.

No hagas un drama que empeore la situación.

No nos engañemos, no será fácil. Los humanos somos muy malos con el cambio, se nos da fatal, estamos muy acomodados en la zona de confort de la sociedad que hemos construido, pero la hemos construido sobre el valor de la inteligencia, y eso hace que sea muy probable que cambie radicalmente con lo que supone la IA.

El segundo pilar para aprovechar la IA es **proteger tu empleo**, porque para mí esa es la primera batalla que tendremos que librar.

La IA va a causar que haya menos empleo, lo hemos hablado, no tengo ninguna duda de ello. Necesitaremos menos personas porque, por mucho que aumente el trabajo, gran parte de este lo hará la propia IA, generando que haya menos para los humanos.

El objetivo, claramente, es que la IA nos quite el trabajo a todos, o al menos el trabajo tal y como lo conocemos.

Un mundo de trabajo opcional, un mundo donde no haya que trabajar para poder conseguir tus metas en la vida, es sin duda un mundo mejor, un mundo de trabajo por vocación, por amor al arte.

La IA podría llevarnos a esa utopía, no lo veo descabellado, pero no será ni remotamente pronto y, como en toda revolución, ya lo hemos visto, primero habrá que pasar la transición antes de llegar a la bonanza.

Desgraciadamente, no veo ningún escenario en que esto no afecte a una parte de la sociedad de forma negativa, pero estoy convencido de que tú lo puedes navegar y sacarle partido.

Blindar tu empleo pasa por ser capaz de seguir aportando valor a lo que haces, pero en esto hay un pequeño matiz: tendrás que aportar más valor no solo de lo que aporta la IA por sí misma, sino de lo que aportan otros humanos, y para eso necesitas inteligencia artificial.

Es paradójico que lo que amenaza tu trabajo sea lo mismo que te va a permitir protegerlo, pero es así. La IA hoy por hoy puede hacer ciertas tareas, algunas mejor y otras peor. Además, sabemos que «lo que hace hoy es lo peor que hará nunca», y dudo que por lo pronto le demos agencia real, que le permitamos tener una cuenta bancaria o montar un negocio. Por lo tanto, necesitaremos humanos en la ecuación, muchos menos, eso sí.

Tienes que ser de *esos* humanos.

Me refiero a todos los que abrazan la IA y la empiezan a usar para hacer lo que hacen en su trabajo más rápido y mejor. Humanos ultraproductivos que son capaces de hacer más en cuanto a cantidad o calidad en el mismo tiempo y con el mismo esfuerzo. Tienes que ser de estos, no puedes darle la espalda porque, si no, a medida que se complique la situación laboral, tu puesto será más y más codiciado por otros.

Tienes que ser competitivo y la competitividad pasa por usar la IA.

Dedica tiempo a estar al día de los avances, resérvate unas horas para probar lo que se va presentando, asigna una franja de horario semanal para aclimatarte y ser fluido con la IA. No importa si en tu trabajo no te dejan usarla, antes o después se darán cuenta y ahí, cuando llegue el momento, tú estarás preparado.

De todos modos, hay algo que suelo decir mucho en charlas y eventos públicos:

Si tu jefe es negacionista de la IA, sal por patas de la empresa.

Aún estamos en una fase en que la empleabilidad es posible sobre todo si tienes conocimientos de IA, y no hablo de pivotar de carrera y hacerte desarrollador de IA, hablo de que estamos viendo cada vez más empresas que necesitan contratar y exigen competencias en cuanto a IA entre los candidatos, como pasaba hace no tanto con la ofimática. Esto supone que seguimos en una fase donde puedes mover fichas en el tablero y buscar una partida mejor, pero, cuidado, mucho cuidado con los *timings*, porque pronto no habrá nada tan valioso como tener empleo.

Tienes que aprender a usar la inteligencia artificial, no te queda otra, no es opcional.

Lo puedes hacer por tu cuenta o puedes buscar formación. En esto tengo una opinión muy clara, te puedes formar por libre, no necesitas unos estudios estructurados para ello, pero te va a llevar muchísimo más tiempo y quizá no lo tienes.

Una formación te permite que alguien que ya ha recorrido el camino te diga qué necesitas saber y qué no, te ahorra horas y horas, pues te hace de filtro. No es magia, es una optimización de tu tiempo.

Si tienes más tiempo que dinero, entonces puedes aprender por ti mismo. YouTube está plagado de vídeos y tutoriales, yo mismo me estoy formando constantemente de forma autodidacta, pero, claro, le dedico a esto setenta horas a la semana.

En una empresa un empleado que sabe usar la IA aporta más valor. Pero un empleado que consigue que sus compañeros adopten la IA y la integren es una absoluta joya. Conozco muchos casos de alumnos y seguidores míos que están promocionando en sus trabajos gracias al uso que le dan, y eso que no se dedican específicamente a ella: me refiero a abogados, gestores, programadores, economistas, equipos de recursos humanos, ingenieros, comerciales..., en definitiva, gente con trabajos de oficina normales y corrientes que están saltando posiciones en la cadena porque son «los de la IA». Porque contagiar al resto hace que su contribución sea mucho más alta.

¿Esto te protege de que la IA en un futuro te quite el trabajo? No. Pero tienes que entender que lo que nos depare el futuro no nos puede distraer de los retos del presente, y, por ahora, durante la transición será todo mucho más fácil para aquellos con trabajo que para aquellos sin trabajo, así de simple.

Por último, el tercer pilar: **poner tu granito de arena**. Y no lo digo como algo altruista por el bien de la sociedad, sino porque te va a beneficiar a ti directamente.

La hostia que nos viene es tan grande que, como hemos comentado antes, va a coger a muchos desprevenidos. Cuando la tengan encima, va a suponer crisis de propósito, problemas de empleo y económicos, y una gestión muy complicada para esta parte de la sociedad. Tal y como está montado el mundo, podemos soportar cierto nivel de crisis, fíjate en cómo sobrevivimos a la de 2008, a la de las «puntocom» y a muchas otras; pero llega un punto en que, si la crisis afecta a una parte demasiado grande de la sociedad, se hace insostenible y se rompe.

Hemos vivido casos, como la Revolución Francesa o la aparición del nazismo en Alemania, entre muchos otros, donde sociedades muy tensionadas, en que eran muchísimos los que lo estaban pasando mal, cruzan cierto límite y estallan en una escalada de violencia muy dramática que no beneficia a nadie.

Tenemos que conseguir evitar esto. Y dirás que quizá suena exagerado, pero te recuerdo que, tras unas semanas de COVID, empezamos a asaltar supermercados. Vivimos ya muy al límite, y esa crisis que vi clara en 2023 podría llegar si no lo evitamos.

¿Cómo evitar el colapso social? Es más fácil de lo que parece, solo necesitamos conseguir que cuanta más gente mejor se dé cuenta de la hostia que viene y se prepare para ella, y reduzcamos así la cantidad de afectados. Con esto creo que conseguiremos que la transición sea soportable y podamos salir por el otro lado del túnel, hacia la bonanza.

Como ves, no se trata de hacerlo por el bien de todos, sino que te interesa contribuir porque, por muy bien que a ti te vaya, no querrás vivir rodeado de desigualdad, sin poder salir a la calle porque están asaltando todos los comercios.

¿Cuál es tu granito de arena? Simplemente ayudar a otros a entender de qué va esto de la IA, empujarles a probarla, a ponerse las pilas, prestarles este libro cuando te lo acabes, meterles caña en la comida de empresa o ser «el pesado de la IA» en las reuniones familiares.

Ayúdame a que la gente se dé cuenta de lo que se nos viene encima, porque desgraciadamente nos hace mucha falta.

Conclusiones

En definitiva, debemos comprender que tenemos algo encima que redefine lo que entendemos por ser humano, que va a afectar a todo, tanto para lo bueno como para lo malo, y que esto no hay quien lo pare.

No nos queda otra que navegarlo. Junto a los grandes retos tenemos también grandes oportunidades, pero, sobre todo, tenemos la de conducir la realidad hacia un sitio mejor del que venimos, y esto no pasa a menudo.

¿Será fácil? No, desde luego no lo será, las posibilidades de que la caguemos y esto acabe mal no son pequeñas, en muchos sentidos. La gran mayoría de nosotros no hemos elegido jugar, nos han metido en la partida sin preguntar y eso, claramente, no es justo, pero si nos negamos a jugar perderemos todos.

Como en todo río revuelto habrá ganancia de pescadores, algunos lo aprovecharán y otros serán atropellados. Por suerte, no es tan difícil ser de los que le sacan provecho, ya que, por primera vez, no requiere nada especial: solo darse cuenta y querer estar en el lado bueno de la calle.

Yo solo espero que despertemos a tiempo y nos demos cuenta de la magnitud de la hostIA que se nos viene encima.

Referencias

CAPÍTULO 1. O paramos esto o morimos todos

Informe del McKinsey Global Institute que describe cómo el trabajo futuro evolucionará hacia asociaciones entre personas, agentes impulsados por IA y robots:

Yee, Lareina, Anu Madgavkar, Sven Smit, Alexis Krivkovich, Michael Chui, María Jesús Ramírez y Diego Castresana, «Agents, Robots, and Us: Skill Partnerships in the Age of AI», McKinsey Global Institute, 25 de noviembre de 2025. <https://www.mckinsey.com/mgi/our-research/agents-robots-and-us-skill-partnerships-in-the-age-of-ai>.

Carta abierta a la revista *Time* en la que se propone parar de forma indefinida el entrenamiento de sistemas de inteligencia artificial extremadamente potentes para poder abordar los posibles riesgos existenciales de la IA:

Yudkowsky, Eliezer. «Pausing AI Developments Isn't Enough. We Need to Shut it All Down», *Time*, 29 de marzo de 2023. <https://time.com/6266923/ai-eliezer-yudkowsky-open-letter-not-enough/>.

CAPÍTULO 2. Esto no es una revolución tecnológica, ni una simple herramienta

Artículo que intenta demostrar que las ciudades europeas que adoptaron antes la imprenta hicieron que su crecimiento urbano se disparara entre 1500 y 1600:

Dittmar, Jeremiah E. «Information Technology and Economic Change: The Impact of the Printing Press», *The Quarterly Journal of Economics* 126, n.º 3 (2011): 1133-1172. <https://doi.org/10.1093/qje/qjr035>.

Comunicado del INE sobre cómo se usan las TIC en las empresas y en los hogares:

Instituto Nacional de Estadística (INE). «Uso de las TIC en las empresas y en los hogares. Primer trimestre de 2024», 2024. <https://www.ine.es/dyngs/Prensa/es/ETICCE20231T2024.htm>.

CAPÍTULO 3. La dicotomía: está bien amar y odiar a la IA (a la vez)

Artículo que analiza el movimiento del «aceleracionismo efectivo» (e/acc) dentro de la comunidad tecnológica:

Roose, Kevin. «This A.I. Subculture's Motto: Go, Go, Go», *The New York Times*, 10 de diciembre de 2023. <https://www.nytimes.com/2023/12/10/technology/ai-acceleration.html>.

Manifiesto que defiende una visión positiva del desarrollo tecnológico:

Andreessen, Marc. «The Techno-Optimist Manifesto», Andreessen Horowitz (a16z), 16 de octubre de 2023. <https://a16z.com/the-techno-optimist-manifesto/>.

Entrevista a Demis Hassabis, CEO de DeepMind, en la que critica las posturas aceleracionistas:

r/singularity. «Google DeepMind CEO: "Accelerationists don't actually understand..."», Reddit, 25 de septiembre de 2023. <https://www.reddit.com/r/singularity/comments/1doq60k/google_deepmind_ceo_accelerationists_dont/>.

CAPÍTULO 4. Un regalo caído del cielo

Ensayo de Dario Amodei, CEO de Anthropic, donde explica cómo la inteligencia artificial podría transformar aspectos fundamentales de la sociedad si sabemos evaluar bien sus riesgos y también sus beneficios:

Amodei, Dario. «Machines of Loving Grace: How AI Could Transform the World for the Better», 11 de octubre de 2024. <https://www.darioamodei.com/essay/machines-of-loving-grace>.

Estudio que presenta AlphaFold, la inteligencia artificial que acabó ganando el Premio Nobel:

Jumper, John, Richard Evans, Alexander Pritzel, Tim Green, Michael Figurnov, Olaf Ronneberger, Kathryn Tunyasuvunakool, Russ Bates, Augustin Žídek *et al.* «Highly Accurate Protein Structure Prediction with AlphaFold», *Nature* 596, n.º 7873 (2021): 583-589. <https://doi.org/10.1038/s41586-021-03819-2>.

Artículo que cuenta cómo Matteo Paz, un estudiante de secundaria, dejó en evidencia a la NASA utilizando inteligencia artificial:

California Institute of Technology. «Exploring Space with AI», 11 de abril de 2025, *Caltech News*. <https://www.caltech.edu/about/news/exploring-space-with-AI>.

Comunicado que presenta la nueva plataforma Earth-2 Climate Digital Twin para simular y visualizar el clima:

NVIDIA. «NVIDIA Announces Earth Climate Digital Twin», 18 de marzo de 2024. <https://nvidianews.nvidia.com/news/nvidia-announces-earth-climate-digital-twin>.

Artículo sobre una inteligencia artificial capaz de detectar ciertos tipos de cáncer con una precisión que se acerca al 100%:

Lavars, Nick. «Nearly 100% of Cancer Identified by New AI, Easily Outperforming Doctors», *New Atlas*, 20 de marzo de 2025. <https://newatlas.com/cancer/ai-cancer-diagnostic/>.

CAPÍTULO 5. Educación: un tutor personal las veinticuatro horas, los siete días de la semana, a medida de nuestros hijos

Libro que analiza los grandes desafíos actuales —tecnológicos, políticos y existenciales— y cómo la humanidad puede afrontarlos en un mundo cada vez más marcado por la incertidumbre, la desinformación y la revolución digital:

Harari, Yuval Noah. *21 Lecciones para el siglo XXI*. Barcelona: Debate, 2018.

Artículo sobre Alpha School, la escuela pionera en el uso de profesores virtuales:

Miller, Joshua Rhett. «What Happens When Teachers Are Replaced With AI? This School Is Finding Out», *Newsweek*, 1 de mayo de 2025. <https://www.newsweek.com/alpha-school-brownsville-ai-expanding-2063669>.

Pódcast (el mío) en que Senén Barro explica qué significa «delegación cognitiva»:

Hernández, Jon. «Los secretos de la inteligencia artificial | Senén Barro», *Podcast IA*, 9 de octubre de 2025. <https://www.jonhernandez.education/podcast/podcast-ia-impacto-inteligencia-artificial-sociedad-senen-barro/>.

CAPÍTULO 6. Productividad

Estudio realizado por Microsoft sobre la productividad en el trabajo y cómo la IA está ayudando a aumentarla:

Microsoft WorkLab. «AI at Work Is Here. Now Comes the Hard Part», 8 de mayo de 2024. <https://www.microsoft.com/en-us/worklab/work-trend-index/ai-at-work-is-here-now-comes-the-hard-part>.

CAPÍTULO 7. La primera ola, la manipulación de la verdad

El «caso Ferrari»:

Galletti, Sandra y Massimo Pani. «How Ferrari Hit the Brakes on a Deepfake CEO», *MIT Sloan Management Review*, 29 de enero de 2025. <https://shop.sloanreview.mit.edu/how-ferrari-hit-the-brakes-on-a-deepfake-ceo>.

¡El mayor robo en la historia de la IA!:

CNN. «Finance Worker Pays Out $25 Million after Video Call with Deepfake "Chief Financial Officer"», CNN, 4 de febrero de 2024. <https://edition.cnn.com/2024/02/04/asia/deepfake-cfo-scam-hong-kong-intl-hnk>.

CAPÍTULO 8. La segunda ola, el empleo

Episodio de Radio Davos con el experto Stuart Russell que discute cómo la IA transforma la vida y el trabajo:

Pomeroy, Robin y World Economic Forum. «The Promises and Perils of AI – Stuart Russell on Radio Davos», World Economic Forum, 6 de enero de 2022. <https://www.weforum.org/stories/2022/01/artificial-intelligence-stuart-russell-radio-davos>.

Estudio de McKinsey sobre el futuro de los trabajos; entre cuatrocientos y ochocientos millones de empleos se perderán:

Manyika, James, Susan Lund, Michael Chui *et al.* «Jobs Lost, Jobs Gained: What the Future of Work Will Mean for Jobs, Skills, and Wages», McKinsey Global Institute, 28 de noviembre de 2017. <https://www.mckinsey.com/featured-insights/future-of-work/jobs-lost-jobs-gained-what-the-future-of-work-will-mean-for-jobs-skills-and-wages>.

Proyecto del MIT que investiga cómo hacer que humanos e inteligencia artificial trabajen juntos de forma más eficaz para mejorar la productividad, la toma de decisiones y el valor dentro de las organizaciones en el trabajo del futuro:

Project Iceberg. *Project Iceberg: Coordinating the Human-AI Future*, Massachusetts Institute of Technology, accedido el 3 de marzo de 2026. <https://iceberg.mit.edu/>.

Artículo que dice que la inteligencia artificial podría automatizar o transformar cientos de millones de empleos en todo el mundo:

Goldman Sachs. «How Will AI Affect the Global Workforce?», 13 de agosto de 2025. <https://www.goldmansachs.com/insights/articles/how-will-ai-affect-the-global-workforce>.

Informe que advierte que la IA podría remplazar casi a la mitad de los trabajadores:

The Times. «AI Could Replace Half of American Jobs, Says Report», *The Times*, 25 de noviembre de 2025. <https://www.thetimes.com/business/economics/article/ai-could-replace-half-of-american-jobs-says-report-fbr8glxj2>.

Informe *Job Cuts Report*, que publica cada mes datos sobre los despidos que planean las empresas en Estados Unidos:

Challenger, Gray & Christmas. *Job Cuts Report*. Challenger, Gray & Christmas, Inc. Accedido el 3 de marzo de 2026. <https://www.challengergray.com/blog/category/job-cuts-report/>.

Artículo que recoge la advertencia del CEO de Anthropic de que la IA podría eliminar hasta la mitad de los empleos júnior de oficina:

Alpert, Lauren. «AI Jobs Danger: Sleepwalking into a White-Collar Bloodbath», *Axios*, 28 de mayo de 2025. <https://www.axios.com/2025/05/28/ai-jobs-white-collar-unemployment-anthropic>.

Artículo que advierte de la caída en la demanda de empleos júnior desde el lanzamiento de ChatGPT:

Almeida, Lauren. «Number of New UK Entry-Level Jobs Has Dived Since ChatGPT Launch – Research», *The Guardian*, 30 de junio de 2025. <https://www.theguardian.com/business/2025/jun/30/uk-entry-level-jobs-chatgpt-launch-adzuna>.

Artículo que avisa de cómo la inteligencia artificial y ChatGPT están empezando a meterse también en trabajos manuales:

CNN. «AI Could Transform Blue-Collar Jobs», CNN, 10 de octubre de 2025. <https://edition.cnn.com/2025/10/10/tech/ai-chatgpt-blue-collar-jobs>.

Pódcast (el mío) en el que debato con Elena Alfaro sobre cultura generativa en la empresa:

Hernández, Jon. «Elena Alfaro sobre adopción y cultura generativa», *Podcast IA*, mayo de 2025. <https://www.jonhernandez.education/podcast/podcast-ia-bbva-elena-alfaro-adopcion-cultura-generativa/>.

Artículo en el que se habla del comentario de Bill Gates acerca de la IA y la posible jornada laboral de tan solo dos días a la semana:

Fortune. «Billionaire Bill Gates Says Two-Day Workweek May Be Possible If AI Replaces Humans», *Fortune*, 27 de marzo de 2025. <https://fortune.com/2025/03/27/billionaire-bill-gates-two-day-workweek-ai-replacing-humans/>.

Vídeo histórico en el que Steve Jobs presenta el primer iPhone:

Jobs, Steve. «Steve Jobs Introduces the First iPhone at Macworld», vídeo de YouTube, 9:20, publicado el 9 de enero de 2007. <https://www.youtube.com/watch?v=VQKMoT-6XSg>.

CAPÍTULO 9. La tercera ola, el peligro existencial

Declaración respaldada por expertos y líderes tecnológicos que dice que reducir el riesgo de extinción por la inteligencia artificial debería ser una prioridad global:

Center for AI Safety. *Statement on AI Risk*, accedido el 3 de marzo de 2026. <https://aistatement.com/>.

Anuncio de OpenAI sobre la retirada de modelos antiguos de ChatGPT el 13 de febrero de 2026:

OpenAI. «Retiring GPT-4o and Older Models», 29 de enero de 2026. <https://openai.com/index/retiring-gpt-4o-and-older-models/>.

Artículo sobre la empresa Safe Superintelligence (SSI), fundada por Ilya Sutskever, uno de los creadores de ChatGPT:

Kenrick Cai, Krystal Hu y Anna Tong. «Exclusive: OpenAI co-founder Sutskever's new safety-focused AI startup SSI raises $1 billion», Reuters, 4 de septiembre de 2024. <https://www.reuters.com/technology/artificial-intelligence/openai-co-founder-sutskevers-new-safety-focused-ai-startup-ssi-raises-1-billion-2024-09-04/>.

Informe de Anthropic donde se habla de modelos de IA que, en entornos simulados, muestran comportamientos autodirigidos y potencialmente dañinos, como chantaje o filtración de datos:

Anthropic. «Agentic Misalignment: How LLMs Could Be Insider Threats», 20 de junio de 2025. <https://www.anthropic.com/research/agentic-misalignment>.

Página personal de Yoshua Bengio donde se pueden consultar sus investigaciones:

Bengio, Yoshua. *Yoshua Bengio – Research, Publications & Writings*, accedido el 3 de marzo de 2026. <https://yoshuabengio.org/>.

Entrevista a Yann LeCun:

Levy, Steven. «How Not to Be Stupid About AI, With Yann LeCun», *Wired*, 22 de diciembre de 2023. <https://www.wired.com/story/artificial-intelligence-meta-yann-lecun-interview/>.

CAPÍTULO 10. Te he mentido

Artículo sobre el boom del ChatGPT:

Ruben J. Lapetra. «ChatGPT supera los 900 millones de usuarios semanales; 50 millones de ellos pagan una suscripción», *Business Insider España*, 27 de febrero de 2026. <https://www.businessinsider.es/big-tech/chatgpt-supera-los-900-millones-usuarios-semanales-50-millones-ellos-pagan-una-suscripcion-6940008_0.html>.

Libro que hace un análisis comparativo del auge y caída de distintas civilizaciones poniendo el énfasis en su capacidad para afrontar creativamente los retos sociales, ambientales y militares que se les presentaban:

Toynbee, Arnold J. *Estudio de la historia*. 12 vols. Madrid: Alianza Editorial, 1970-1976.

Investigación sobre cómo a partir de ChatGPT-4 empieza a aparecer una nueva generación de modelos de lenguaje con mucha más inteligencia general:

Bubeck, Sébastien *et al*. «Sparks of Artificial General Intelligence: Early experiments with GPT-4», *arXiv*, 22 de marzo de 2023. <https://arxiv.org/pdf/2303.12712>.

Estudio que sostiene que no existe todavía una ciencia madura y sistemática sobre seguridad en inteligencia artificial:

Jankû, David, Max Reddel, Roman Yampolskiy, Jason Hausenloy. «We Have No Science of Safe AI», Centre for Future Generations, 19 de noviembre de 2024. <https://cfg.eu/we-have-no-science-of-safe-ai/>.

CAPÍTULO 11. ¿Y qué hago yo ahora?

Estudio sobre las probabilidades de sufrir un accidente de avión:

Actualidad Aeroespacial. «La tasa de accidentes aéreos en 2024 fue de 1,13 por millón de vuelos», *Actualidad Aeroespacial*, 26 de febrero de 2025. <https://actualidadaeroespacial.com/la-tasa-de-accidentes-aereos-en-2024-fue-de-113-por-millon-de-vuelos/>.